O suicida faz com que os amigos
e familiares se sintam seus assassinos.

Vicent Van Gogh

Roldão Lopes de Barros Neto

O SUICÍDIO como ACIDENTE DE TRABALHO

EDICON

CIP-BRASIL. CATALOGAÇÃO-NA-FONTE
SINDICATO NACIONAL DOS EDITORES DE LIVROS, RJ

B28s

Barros Neto, Roldão Lopes de
O suicídio como acidente de trabalho / Roldão Lopes de Barros Neto. -
São Paulo : Edicon, 2011.
144 p. : 21cm

Inclui bibliografia e índice
ISBN 978-85-290-0822-6

1. Acidentes de trabalho. 2. Suicidio. I. Título.

11-2313.
CDU: 349.24:616.89-008-441-44

CONTATO COM O AUTOR:

contato@roldaodebarros.com.br
www.roldaodebarros.com.br

EDICON
Editora e Consultoria Ltda
rua herculano de freitas, 181
01308-020 - são paulo - sp
edicon@edicon.com.br
www.edicon.com.br
telfax: 3255-1002/3255-9822

SUMÁRIO

ALGUMAS CONSIDERAÇÕES SOBRE O SUICÍDIO

O termo *suicídio* foi utilizado pela primeira vez em 1737 por Desfontaines. O significado tem origem no latim, na junção das palavras *sui* (si mesmo) e *caederes* (ação de matar). Esta conotação especifica a morte intencional ou auto-infligida. Num aspecto geral, o suicídio é um ato voluntário pelo qual um indivíduo possui a intenção e provoca a própria morte. Pode ser realizado através de atos (tiro, envenenamento ou enforcamento) ou por omissão (recusa em alimentar-se, por exemplo).

ANGERAMI[1], citando KALINA e KOVADLOFF "define o suicídio como uma reação psicótica, resultante de uma indução, e não apenas o resultado de uma livre determinação individual".

ESTRUCH e CARDÚS, por sua vez, declara que:

"...el suicidio há sido valorado de maneras distintas a lo largo de la historia, y no entraña idéntica signifcación em sociedades diferentes. La muerte de sócrates es sublime, pero la de uma mujer menorquina que el verano pasado se tragó el contenido de uma botella de lejía concentrada es vergonoza. El suicidio de Jan Pallach em la Praga invadida por las tropas sovieticas em 1968 es um acto exemplar, pero el de um hombre de menorca que em um lapso de dos semanas perdió súbitamente a su mujer, vicitima de um cáncer, y a su hijo único de veinte años, fallecido em accidente, es em cambio um acto de cobardía. Los pilotos kamikazes japoneses que durante la segunda guerra mundial estrellaban sus apa-

[1] ANGERAMI,1997, p.20.

ratos contra la cubierta de los navios enemigos eran unos héroes, pero la muchacha menorquina que se tiró a la cisterna de su casa al descobrir que su prometido había estado engañadola miserablemente era sin duda uma enajenada mental."[2] [3]

Essa diferença de interpretação sócio-cultural diante do suicídio, variável de época para época, é observada a partir do exame da antiga sociedade grega pré-cristã, considerada como "berço da filosofia" .

É possível perceber que a alteração no modo de vida dos antigos gregos, com o surgimento das cidades - "polis" - emprestou um caráter diverso na sua concepção de vida e de morte.

Chegando a concepção da cidade-estado, de cunho racional, o indivíduo não tinha mais decisão pessoal sobre a vida dele, não podendo praticar suicídio sem a prévia autorização da comunidade. O suicídio não autorizado era, então, considerado uma transgressão, um verdadeiro crime.

Contudo, em determinadas situações, como em quase todos os lugares e épocas, o suicídio era tolerado, inclusive sendo considerado um ato corajoso ou nobre, em batalhas ou como forma de negativa de rendição ou traição de seu povo.

Nessa fase histórica, Sócrates é sempre lembrado, pois foi forçado (ou condenado) ao suicídio, através de ingestão de cicuta.

---

[2] ESTRUCH e CARDÚS 1982, pág.27.

[3] "... O suicídio tem sido avaliado de maneiras diferentes ao longo da história não implicando em identica significação em sociedades diferentes. A morte de Sócrates é sublime, mas a da esposa que no verão passado engoliu o conteúdo de uma garrafa de alvejante concentrado é vergonhosa. O suicídio de Jan Pallach em Praga invadida pelas tropas soviéticas em 1968, é um ato exemplar, mas o de um homem que dentro de duas semanas, de repente, perdeu sua esposa, vítima de câncer e seu único filho de 20 anos, morto de acidente é um ato de covardia. Os pilotos kamikazes japoneses durante a II Guerra Mundial que colidiam sua aeronave contra a cobertura de navios inimigos eram heróis, mas a menina que saltou para dentro da cisterna de sua casa ao descobrir que seu noivo a havia enganado miseravelmente é, sem dúvida, doente mental. "

O estado grego, portanto, não aceitava, naquela época, a transgressão do espírito comunitário, o que era expresso na repulsa ao suicídio pelos demais filósofos da época, como Platão e Aristóteles.

Já nesse momento histórico indicava-se negar aos suicidas o sepultamento em locais sagrados.

Na Roma antiga, durante a República, as regras acerca do suicídio eram semelhantes às dos gregos. O suicídio era reprovado, como forma de enfraquecimento do grupo social, e o interessado em tirar a própria vida deveria apresentar suas razões para o senado, que analisaria o caso.

Entretanto, a doutrina grega do estoicismo, na qual o homem não é o inteiro senhor de seu destino, agregou ao pensamento romano, a aceitação do suicídio em determinadas situações, sempre de cunho "nobre", como a defesa da pátria.

Interessante observar que os escravos eram proibidos de praticarem suicídio, pelo prejuízo que causavam aos seus donos-senhores - já que eram comprados ou dados em garantias de dívida - assim como os soldados também eram proibidos de tirarem a própria vida, pois isso enfraquecia o exército.

Curiosamente, o suicídio de um soldado equivalia à deserção, pelo que, na hipótese de não lograr satisfatoriamente seu intento, na hipótese de não conseguir matar-se (o que hoje chamamos de "tentativa") era morto, pois essa a pena para o desertor!

Depreende-se do acima exposto, que tanto para os gregos, como para os romanos, o repúdio ao ato suicida tinha conotação e vinculação unicamente estatal, e não divina.

Já para as religiões, em especial para o cristianismo, judaísmo e islamismo, a vida era considerada sagrada, o que fez com que o suicida fosse considerado indigno, sujeito à punição de não merecer os rituais de velório e enterro.

Na idade média, surgem com mais vigor as "punições" ao cadáver do suicida, como a negativa de sepultamento em solo consagrado, as mutilações e mesmo rituais especiais, derivados de várias superstições, a exemplo do vampirismo, visto que havia o credo de que os suicidas tornavam-se vampiros, pois teriam interrompido o plano divino, fazendo sua vida cessar antes do tempo e, por isso, permaneceriam eternamente dependentes de sangue, bem como privados do descanso eterno.

Com o surgimento da Revolução Industrial, já no século XIX, onde se primava pela exigência de desempenho, o suicídio foi considerado um ato de vergonha, recusado e mantido em segredo, pois era tido como indício de patologia mental, cuja possível hereditariedade não deveria ser veiculada à comunidade.

É nessa época que surgem os estudos de DURKHEIM[4], argumentando ser o suicídio um fenômeno social, não podendo ser cingido ao aspecto meramente individual.

No início do século XX, o suicídio passa a ser objeto de estudo da psiquiatria, entendendo-se o suicídio como indício de doença mental, com o reforço da pesquisa estatística sobre o tema, já iniciada por DURKHEIM; a posição da Igreja Católica se modifica, passando a encarar o suicídio como uma decorrência de problemas psicológicos; os códigos penais de muitas nações deixam de considerar o suicídio como uma figura delitiva.

Constata-se, portanto, que o contexto histórico acerca do suicídio varia de acordo com a concepção que se tem do próprio destino da humanidade, podendo-se afirmar, desta breve análise histórica, a existência de três correntes doutrinárias[5] sobre o tema:

---

[4] DURKHEIM,1982, p.42.

[5] LOUZÃ NETO, 1995, p.377.

A) Doutrina psiquiátrica: desde Hipócrates se faz a correlação entre o suicídio e a depressão. Os estudos iniciais nessa área buscaram a correlação entre o suicídio e patologias ou doenças psiquiátricas, a exemplo da doutrina de ESQUIROL que afirma que nenhuma pessoa sã eliminar-se-ia ela própria. Logo, todo aquele que comete o suicídio sofre de enfermidade mental, ao menos no momento em que comete o ato.

B) Doutrina sociológica: segundo esse entendimento, o suicídio é determinado socialmente. Forças externas ao indivíduo são as responsáveis por uma taxa de suicídio estável, numa determinada sociedade. A flutuação dessa taxa ocorre em tempos de conturbação social, como guerras, crises econômicas e transformações sociais.

C) Doutrina psicológica: segundo a qual a presença de enfermidades mentais ou forças sociais não é suficiente para explicar por que alguém atentaria contra a própria vida. Essa conclusão se afigura lógica quando outros indivíduos, submetidos ao mesmo problema, não praticam o suicídio. Logo, os fatores pessoais e as motivações particulares (conscientes ou não) são as condições indutoras do suicídio.

A seu turno, a escola psicanalítica de FREUD,[6] demonstra que a morte adquire significado patológico e em certos casos ligado a impulsos agressivos e ou inconscientes.

FREUD, então, procurando explicar o suicídio, foi elaborando uma idéia que poderia justificar a culpa e a auto-acusação como conceitos importantes para o entendimento da depressão e da melancolia. Deste modo, em 1923, na sua obra "O ego e o id", formulou o conceito de superego, com funcionamento inconsciente, bem como as suas relações com o ego, que possibilitaram uma melhor compreensão da dinâmica do suicídio, dizendo-nos que, "para o ego

[6] Sigmund Freud. 1976

viver, precisa de certa dose de auto-estima e apoio das forças protetoras do superego e, assim, o medo da morte, na melancolia, acontece quando o ego se desespera, porque se sente odiado e perseguido pelo superego. O suicídio é uma expressão do fato de que terrível tensão, produzida pelo superego, ficou insuportável. A perda de auto-estima é tão completa que toda esperança de recuperá-la é abandonada. O ego se percebe desamparado pelo superego e se deixa morrer."

No Brasil, é considerada tentativa de suicídio qualquer ato não fatal de auto-mutilação ou de auto-envenenamento. A intenção da morte não deve ser incluída nesta definição, pois nem sempre ocorre. A gravidade da tentativa deve relacionar-se com a "potencialidade auto-destrutiva" do método utilizado.

Assim, pode-se dizer que o suicídio é a consequência de uma perturbação psíquica, decorrente de grave tensão nervosa que envolve o ser e o transtorna a ponto da morte ser a única solução para os problemas. Inconscientemente, o suicida deposita a culpa de sua morte nos outros indivíduos que compõem seu ambiente social. Funciona mais ou menos como um revide das agressões do ambiente que o envolve.

Alguns fatores são comuns aos indivíduos que tentam ou cometem suicídio. Sua ocorrência aparece predominantemente entre a puberdade e a velhice, ou seja, entre os 15 e os 45 anos, assim como o suicídio é mais comum em nações ricas, nas classes médias e nas mulheres.

As doenças físicas como câncer, epilepsia e AIDS; ou doenças mentais como alcoolismo, dependência tóxica e esquizofrenia, compõem alguns dos motivos que induzem um indivíduo a atentar contra a própria vida. Algumas situações sociais também conduzem ao suicídio, como por exemplo, o insucesso no matrimônio; o não ter se casado; o não ter filhos; o isolamento social; o fracasso financeiro ou profissional, dentre muitas outras.

Consoante tal diversidade a caracterização do perfil suicida resta controverso na doutrina especializada.

Independentemente das controvérsias, DURKHEIM[7] propôs a existência de três tipos de suicídio, qual sejam, o egoísta, o altruísta e o anômico, sendo este o que mais nos interessa de perto:

> **Egoísta:** decorre do enfraquecimento do controle social com o favorecimento do individualismo mórbido que tendesse ao suicídio;
>
> **Altruísta:** contrapondo ao anterior seria exemplificado pelos casos de esquimós idosos, que se afastam da tribo para morrer, convictos de que haviam se tornado um "peso morto" para sua comunidade;
>
> **Anômico:** decorre de conflitos sociais internos, como a emigração, desorganização social e dificuldades econômicas, que frustrariam as aspirações do indivíduo, levando-o ao suicídio.

A esquizofrenia, de uma forma bem simplista, é uma desordem cerebral crônica, grave e incapacitante, que afeta em torno de 1% da população.

Pessoas com esquizofrenia podem escutar vozes e acreditar que outros estão lendo e controlando seus pensamentos ou conspirando contra si. Essas experiências são aterrorizantes e podem causar medo, recolhimento ou agitação extrema. Podem dizer coisas sem sentido, ficarem sentadas por horas sem se mover ou falando muito pouco ou podem parecer perfeitamente bem até falarem o que realmente estão pensando.

Uma vez que muitas pessoas com esquizofrenia podem ter dificuldade de manter um emprego ou cuidar de si mesmas, o peso em sua família pode ser significativo.

[7] DURKHEIM, 1982, p.222-236.

Os sintomas da esquizofrenia se encaixam em pelo menos três categorias gerais:

- Sintomas positivos, constituídos por pensamentos e percepções diferentes como alucinações, delírios e desordens no pensamento e no movimento.
- Sintomas negativos, que representam a perda ou diminuição na capacidade de iniciar planos, falar, expressar emoções ou encontrar prazer na vida cotidiana, podendo, tais sintomas, serem facilmente confundidos com preguiça ou com depressão.
- Sintomas cognitivos, que são problemas com: atenção, certos tipos de memória e funções de execução que nos permite planejar e organizar.

A depressão também está aliada aos casos de suicídio. Porém, no auge das crises depressivas o indivíduo fica menos vulnerável a tais tentativas. Isto porque a depressão é caracterizada principalmente pela desmotivação, desinteresse e letargia do raciocínio. Nesse momento, o indivíduo não se dispõe a nenhuma atividade, inclusive à de se matar. Alcançado este estágio, a tendência é a omissão, é a falta de cuidados e mesmo a recusa de alimentos o que também é considerado uma das formas de suicídio.

A depressão (do latim *depressione*) é uma palavra frequentemente usada para descrever nossos sentimentos. Em primeiro lugar, depressão não é somente um estado de tristeza profunda nem desânimo, preguiça, estresse ou mau humor. A depressão, enquanto evento psiquiátrico é algo bastante diferente: é uma doença como outra qualquer que exige tratamento.

O PACIENTE DEPRIMIDO SEGUNDO SUAS PRÓPRIAS QUEIXAS

Este quadro é baseado num estudo das principais queixas de mais de 5400 pacientes deprimidos e a freqüência com que aparecem. Confirma-se a depressão se houverem pelo menos 10 dos sintomas abaixo, por um período de pelo menos 2 meses de duração.

QUEIXAS FÍSICAS

INSÔNIA (muitas vezes acompanhada de sonolência diurna) =97%

ACORDAR CEDO E
CONSTIPAÇÃO INTESTINAL =95%

FALTA DE AR E
ALTERAÇÕES DO PESO =80%

DIFICULDADE EM CONCILIAR O SONO =75%

DEBILIDADE E FADIGA,
TONTURAS (confundidas com Labirintite) E
URINAR COM FREQÜÊNCIA =73%

ALTERAÇÕES DO APETITE E
DIMINUIÇÃO DA VONTADE SEXUAL
(Libido) =65%

DISTÚRBIOS CARDIOVASCULARES (Cãibras, alterações da pressão arterial e palpitações),
DIGESTIVOS (Gastrites, colites e má digestão) E
SEXUAIS (Impotência e frigidez) =60%

FORMIGAMENTOS E ADORMECIMENTO NOS BRAÇOS, PERNAS E ROSTO;
DORES DE CABEÇA =52%

TREMORES E NÁUSEAS (Enjôos) =45%

PERTURBAÇÕES VISUAIS E AUDITIVAS =40%

DORES MIGRATÓRIAS (35%)

TRANSTORNOS DA MENSTRUAÇÃO =30%

QUEIXAS PSÍQUICAS

MANHÃ É A PIOR PARTE DO DIA,
POUCA CONCENTRAÇÃO E
ESQUECIMENTO =90%

TUDO REQUER UM GRANDE ESFORÇO
(Lentificação) =85%

SEM INTERESSE,
SEM AMBIÇÃO E
INDECISÃO =80%

DIMINUIÇÃO DA MEMÓRIA =60%

AGITAÇÃO, ANGÚSTIA E
DESESPERO =45%

PENSAMENTOS SUICIDAS E
DESEJOS DE MORRER =30%

QUEIXAS AFETIVAS

MELANCOLIA, MORAL BAIXA E
TRISTEZA =95%

SENTIMENTOS DE CULPA,
DESESPERANÇA, AUTO-DESPREZO E
IRREALIDADE =80%

ANSIEDADE E IRRITABILIDADE =75%

CRISES DE CHORO =70%

TEMOR À LOUCURA, TEMOR ÀS DOENÇAS,
TEMOR À MORTE E
ATAQUES DE ANSIEDADE, SEM CAUSA
APARENTE =60%

PENSAMENTO FIXO NO PASSADO,
PRESENTE VAZIO E
FUTURO ASSUSTADOR =50%

OBSERVAÇÕES

1 - DA OBSERVAÇÃO ACIMA, CONCLUI-SE QUE MUITAS DAS CONSULTAS REALIZADAS NAS DIVERSAS ESPECIALIDADES MÉDICAS, SÃO MOTIVADAS POR MANIFESTAÇÕES DE SINTOMAS DE DEPRESSÃO. ISTO TEM ACARRETADO GASTOS IMENSOS, DESNECESSÁRIOS, POIS O TRATAMENTO PASSA A SER SINTOMÁTICO E NÃO CAUSAL. TAL CONSTATAÇÃO, OBRIGA A MEDICINA A REVER SEUS CONCEITOS DE ESPECIALIZAÇÃO, MODIFICANDO-OS PARA UMA VISÃO CADA VEZ MAIS GLOBAL (HOLÍSTICA), COM O MÉDICO BUSCANDO ENTENDER A DOENÇA E NÃO APENAS ALGUNS SINTOMAS DE SEU CLIENTE, QUE QUANDO COMEÇA A SE IMPACIENTAR, FREQÜENTEMENTE É MEDICADO COM CALMANTES, QUE SÓ AGRAVAM O PROBLEMA, POIS NÃO DETÉM A DEPRESSÃO.
2 - OS PACIENTES DEPRIMIDOS, TEMENDO A LOUCURA, COMO VISTO ACIMA, PASSAM A VER O PSIQUIATRA COMO UM SER SOBRENATURAL, MEIO BRUXO, INTERNADOR EM MANICÔMIOS, RECEITADOR DE "DROGAS PREJUDICIAIS", POR PURO PRECONCEITO (=60% DA POPULAÇÃO).
3 - DA DEMORA EM BUSCAR AJUDA, PODEM SURGIR PROBLEMAS GRAVES, COMO O SUICÍDIO, INFARTES, DERRAMES, TROMBOSES, PERDA DE RESISTÊNCIA, ABUSO DE BEBIDAS E OUTRAS DROGAS, POR EXEMPLO.
4 - O TRATAMENTO DA DEPRESSÃO SE FAZ COM ANTIDEPRESSIVOS, QUE JAMAIS CAUSAM DEPENDÊNCIA.

Dr. Márcio Funghi de Salles Barbosa - Psiquiatra - Psicoterapeuta - Sexólogo – E-mail: drmarcio@siteplanet.com.br - .Telefone p/contato: (19) 541-1254

A causa exata da depressão permanece desconhecida. A explicação mais correta é o desequilíbrio bioquímico dos neurônios responsáveis pelo controle do estado de humor.

Em nosso cérebro existem mensageiros químicos chamados neurotransmissores que ajudam a controlar as emoções. Quando os neurotransmissores se encontram em equilíbrio, sentimos a emoção certa para cada ocasião. Quando alguém está deprimido, os mensageiros químicos não estão em equilíbrio e, portanto, as emoções ficam desconexas ou descontroladas.

Evento estressante, como perda de uma pessoa querida, ameaça de perda de emprego, mudança de habitação contra vontade ou doença grave podem desencadear depressão. Além disso, alguns medicamentos, como os remédios para pressão alta, o álcool e algumas drogas ilegais podem piorar a depressão.

DEPRESSÃO

Como visto, a depressão é uma das maiores causas de suicídio, pelo que, sua compreensão se torna de fundamental importância para nosso estudo. A Depressão é uma doença que compromete o físico, o humor e o pensamento.

A Depressão altera a maneira como a pessoa vê o mundo, como sente a realidade, como entende as coisas, como manifesta suas emoções, como sente a disposição e ou o prazer com a vida. Ela afeta a forma como a pessoa se alimenta, como a pessoa dorme, como se sente em relação a si própria e como pensa sobre as coisas do dia a dia.

A Depressão é, portanto, uma doença afetiva ou do humor. Não é simplesmente estar na "fossa" ou com "baixo astral" passageiro. Também não é sinal de fraqueza, de falta de pensamentos positivos ou uma condição que possa ser superada apenas pela força de vontade ou com esforço.

As pessoas com doença depressiva não podem, simplesmente, melhorar por conta própria e através dos pensamentos positivos, conhecendo pessoas novas, viajando, passeando ou tirando férias. Sem tratamento, os sintomas podem durar semanas, meses ou anos.

A Depressão, de um modo geral, resulta numa inibição global da pessoa, afeta a parte psíquica, as funções mais nobres da mente humana, como a memória, o raciocínio, a criatividade, a vontade, o amor e o sexo, e também a parte física. Enfim, tudo parece ser difícil, problemático e cansativo para o deprimido.

A Depressão causa uma "cegueira mental" para as coisas boas que a vida pode oferecer. A pessoa deprimida sabe e tem consciência das coisas boas de sua vida, sabe que tudo poderia ser bem pior, pode até saber que os motivos para seu estado sentimental não são tão importantes assim, entretanto, apesar de saber isso tudo e de não desejar estar dessa forma, continua muito deprimida.

O quadro da Depressão é o mais variável possível. Há pessoas que ficam caladas diante das suas preocupações, outras choram, outras contam suas dificuldades para todo mundo, outras sentem dor de estômago, alguns têm aumento da pressão arterial, enfim, cada um reage de uma forma diferente perante suas emoções. O popular "esgotamento" pode ser também uma forma da Depressão. Sentir-se esgotado é sentir-se sem disposição para a vida. Não necessariamente para a vida em seu sentido biológico de continuar vivendo, mas à vida em seu sentido cotidiano; falta disposição para continuar, dia após dia, a enfrentar os mesmos problemas corriqueiros, falta disposição para enfrentar a monotonia e a constância da vida, para continuar a fazer as mesmas coisas, para suportar as mesmas pessoas, etc. Esgotamos, por assim dizer, nossa energia e nossa capacidade de adaptação ao trivial, ao feijão-com-arroz de nossa vida cheia de problemas.

Na Depressão, falta energia para tolerar conviver com nosso próximo, falta tolerância para aceitar o jeito de ser dos outros, falta ânimo para resolver problemas da vida, falta otimismo para acreditar que as coisas estão bem.

As idéias e crenças da pessoa deprimida são, frequentemente, negativas. Apesar de essas idéias parecerem artificiais e completamente sem fundamento para as pessoas não deprimidas, ou mesmo para o próprio deprimido quando não está em Depressão, durante o momento em que o afeto está debilitado esses pensamentos parecem bastante verdadeiros. Depois de passada a crise de Depressão o próprio depressivo entende o absurdo de tais pensamentos.

Não há, evidentemente, apenas uma forma de pensamento para todos os deprimidos mas, conhecendo algumas formas de pensamento possíveis na Depressão, podemos entender claramente porque algumas palavras ditas sem nenhuma pretensão ofensiva e atitudes muitas vezes inocentes podem ser interpretadas negativamente pelos deprimidos. Uma simples brincadeira ao dizer que uma pessoa é feia, chata ou que está incomodando poderá ser interpretada ao pé da letra e não como uma simples brincadeira. Para o depressivo essas brincadeiras podem representar verdades.

Na realidade, se olharmos o mundo com muita emoção vamos encontrar inúmeros motivos que nos entristecem: crianças carentes, fome universal, guerras, violência urbana, sequestros, carestia, insegurança social, corrupção, acidentes catastróficos e por aí a fora. Entretanto, temos um dever para com nosso bem-estar, sem necessariamente nos conformar com tudo. Estar inconformado significa estarmos sempre procurando melhorar as condições atuais, fazer alguma coisa para mudar a situação para melhor. Esse inconformismo, racional e moderado, é uma atitude sadia e desejável.

É normal a pessoa deprimida projetar nos outros as idéias pessimistas que tem a seu próprio respeito, a exemplo do empresário que não só suspeita, chega a ter certeza que os outros comentam sua bancarrota; da mulher pudica que suspeita de comentários a respeito de sua moral; do marido que pensa que sua esposa já não o suporta mais e assim por diante.

No depressivo há uma tendência em generalizar pensamentos, porém, só os pensamentos negativos: Nada em minha vida tem sido bom, tudo que eu faço está errado, para mim tudo é mais difícil, isso só poderia ter acontecido comigo, ninguém gosta de mim, etc.

Trata-se da sensação de insegurança muito comum aos deprimidos. Esse pensamento é responsável pela pessoa deixar de fazer certas coisas e de frequentar certos lugares ou de evitar determinadas decisões, reforçando a tendência às generalizações e à negatividade.

No deprimido há um constante questionamento; se não der certo, se ficar pior, se eu não tiver condições, se eu ficar mal comentado, se eu passar mal e a enorme sensação, a quase certeza, de que não vai dar certo, vai ficar pior, não vai ter condições, vai ficar mal comentado, vai passar mal e assim por diante. Dessa forma pode-se dizer que os estados depressivos proporcionam grande sensação de insegurança e que muitas situações corriqueiras podem significar ameaça ao deprimido, como por exemplo, viajar sozinho, sentir-se preso num elevador, esperar numa fila do banco, estar em locais muito cheios de gente, cismar com alguma doença, sentir-se avaliado pelos outros, etc. A Depressão pode, também, ao invés de se manifestar com tristeza, choro, indisposição, apatia, etc., manifestar-se com reclamações de origem corporal que, normalmente, não são constatadas por exames médicos, por raios-X, por eletrocardiograma, por tomografia, por exame de sangue, dentre outros, fato que, também, leva as pessoas que convivem com o deprimido, a concluírem que este está "fazendo fita", e até hilarizarem – o que só agrava o quadro - sobre as queixas de dores, palpitações, falta de ar, tonturas, formigamentos, e outros transtornos que nunca são detectados pelos exames e pelos médicos.

Dessa forma, como a Depressão é considerada, hoje em dia, como uma doença que acomete o ser humano, deve, como qualquer outra doença, ser prevenida por todos que integram a sociedade, detectada e tratada pela medicina. E a medicina dispõe, felizmente, de recursos muitíssimo satisfatórios para este tratamento.

FATORES DE RISCO E COMPORTAMENTO SUICIDA

Os fatores de risco do suicídio mais frequentemente estudados são os seguintes:[8]

A) Sexo: Há um predomínio dos homens como praticantes do suicídio. De modo geral, LOUZÃ NETO et ALLI referem que o autocídio é de duas a três vezes mais frequente entre os homens do que entre as mulheres, embora venha aumentando a incidência entre estas últimas·

B) Idade: no homem, o risco aumenta com a idade, devido às melhores condições de vida a partir da década de 1960. Em relação a ambos os sexos, o suicídio é mais alto na meia-idade e entre idosos, sendo que nos países desenvolvidos as duas curvas tendem a aproximação.

O suicídio em crianças menores de 12 anos é raro, embora idéias suicidas ocorram com frequência. É notório o aumento de suicídios entre adolescentes. Nesse último caso, é possível denotar dois grupos. O primeiro é caracterizado por problemas comportamentais, ou seja, estilo de vida auto-destrutivo. O segundo grupo é caracterizado por problemas circunstanciais, no demais tendo um estilo de vida "sadio", sendo menor o risco de autocídio. Também aqui o sexo masculino apresenta uma predominância no comportamento desviante, pois os rapazes cometem suicídio em proporção três vezes maior que as adolescentes.

C) Estado marital: as pessoas sós parecem ser as mais atingidas, ou seja, divorciados, solteiros e viúvos,

[8] LOUZÃ NETO, p.381 e segts.

nessa ordem. Os casados são os menos afetados. A inexistência de filhos parece ter uma influência particular na decisão suicida, bem ainda a viuvez, aparentemente ocorrendo grande número de suicídios após a morte do cônjuge.

D) Classe social: nos países desenvolvidos, predomina o suicídio nas classes mais altas, ocorrendo o contrário nos países subdesenvolvidos, sendo bastante questionáveis essas considerações.

E) Profissão: em estudo realizado no Estado da Califórnia, nos EUA, foram apontadas três profissões com alto índice de suicídio entre seus membros: farmacêutico, dentista e médico.

Outras pesquisas apontam maior incidência entre militares e médicos, pelo conhecimento profissional que detêm eles sobre como morrer.

F) Desemprego: há correlação entre desemprego e o suicídio, especialmente no sexo masculino, sendo, porém, imprecisa essa associação. Pois há o questionamento entre ser o suicídio uma consequência adversa da perda do emprego, ou ser o indivíduo com alguma patologia mental mais propenso a perder sua atividade laboral. Porém, independentemente de uma ou outra opinião, o desemprego é um fator a ser considerado na análise do fenômeno do suicídio.

G) Momento histórico: por incrível que possa parecer, os índices de suicídio são menores em tempos de guerra (beligerância de um país contra o outro) do que na paz. Explicar-se-ia isso pelo fato de que a coesão social aumenta nesses períodos, além de uma melhor definição de papéis sociais (soldado = guerreiro e cidadão = contribuinte/trabalhador), bem ainda a agressividade seria dirigida ao "inimigo".

H) Alteração social: as mudanças sociais podem ser um fator suicidógeno. Exemplo disso seria o aumento do índice de autocídio entre idosos no Japão em tempos recentes, em que o respeito à terceira idade naquele país começou a enfraquecer.

I) Fatores biológicos: o metabolismo cerebral da cerotonina parece estar associado aos comportamentos agressivos e impulsivos, ambos subjacentes ao comportamento suicida.

J) Fatores genéticos: há fortes evidências, reportadas em toda doutrina sobre o tema, de que existe risco maior de comportamento suicida entre familiares de parentes que cometeram suicídio.

Parece haver um fator genético que favorece o suicídio, independentemente de apresentação de transtorno mental, bem como de influências ambientais.

K) Família suicidogênica: a conduta suicida pode ser gerada em crianças com perda das figuras parentais.

Nesse caso, tais indivíduos são pessoas humilhadas, que foram cruelmente castigadas, rejeitadas e com carência afetiva, sendo o ato suicida uma simbolização do amor desejado e nunca experimentado.

Saliente-se que essas pessoas são consideradas "intrusas" pelos demais membros da família, que descarregam e projetam nele sua agressividade, sendo a meta a expulsão dele do grupo familiar, pela auto-eliminação.

São os casos em que é fornecido o meio para o autocídio, de modo sub-reptício, como armas, veículos (para causação de acidentes), drogas, álcool, entre outros.

Saúde física: a doença física é comum entre os suicidas, e também o uso de fármacos que causam depressão. Os pacientes de AIDS apresentam um grande índice de suicídios.

Com relação ao comportamento do suicida, as características mais comuns, são:

I - Idéias suicidas: são o grau inicial. Apresentam-se primeiro de forma esparsa, para depois adquirir proporções deveras significativas, de modo que não conseguem ser afastadas da mente do indivíduo.

II - Desejo de suicídio: acompanham a idéia de suicídio a vontade de praticá-lo, sem, contudo, o planejamento específico ou a ação.

III - Intenção de suicídio: a ameaça de pôr fim à vida é claramente expressa, sem a realização de ação concreta, porém. Em geral antecede o plano de suicídio.

IV - Plano de suicídio: o indivíduo decide pôr fim à vida, passando a tramar a própria morte, planejando os detalhes de lugar, hora e método. Por vezes, deixa um "bilhete" de despedida.

V - Tentativas de suicídio: são atos auto-agressivos, mas não fatais, primando o indivíduo por tentar assim vingar-se, chamar a atenção, provocar culpa nos outros, entre outras motivações.

VI - Atos impulsivos: consistem em atos agressivos sem planejamento suicida, acompanhados de métodos repetitivos e estereotipados. Na tentativa de suicídio e no ato impulsivo a efetiva ameaça à vida tem graus variáveis, culminando nas tentativas de suicídio, cuja letalidade é interrompida por terceiros ou por profissionais da saúde.

VII - Suicídio: tem por desfecho a morte. É caracterizado pelo planejamento cuidadoso e emprego de métodos realmente letais.

NATUREZA JURÍDICA DO SUICÍDIO

A natureza jurídica do suicídio vai depender das áreas do Direito em que ele estiver contido ou for analisado.

Além do Direito Civil e do Direito Penal, por colocar fim a relações de que o suicida fazia parte, o suicídio pode ser avaliado no Direito Comercial, no Direito Constitucional, no Direito Administrativo, no Direito do Trabalho...

No caso do Direito Civil, o suicídio localizar-se-á em um de seus sub-ramos. Em se tratando de obrigações, a primeira consequência é o desaparecimento de uma pessoa que ocupava um de seus pólos. No caso dos direitos reais, a relação jurídica encontra o seu fim. No Direito de Família, várias são as consequências, como a saída do familiar, o fim do casamento, o fim do concubinato... Em termos de direitos de sucessões, abre-se a sucessão e os bens são transferidos aos herdeiros do falecido.

No Direito do Trabalho teremos a extinção do contrato de trabalho, com ou sem responsabilidade reflexa do empregador e seus consectários.

Na visão de uma responsabilidade civil, o suicídio não é ilícito civil por não poder ser encampado como ato lesivo ao patrimônio de outrem. Entretanto, seja no Direito Civil, seja no Direito do Trabalho, o suicídio pode gerar a obrigação daquele que auxiliou, induziu ou instigou, a indenizar as pessoas lesadas com o evento morte em condição tão terrível.

Assim, pode-se dizer que a natureza jurídica do suicídio é híbrida, pois pode ser enquadrada tanto no direito público quanto no direito privado.

ASPECTOS GERAIS DO PRINCÍPIO DA DIGNIDADE HUMANA

Dignidade decorre do modo de proceder que infunde respeito, decência e decoro.

A Constituição da República de 1988, orientada por valores ético-jurídicos, previu a dignidade da pessoa humana como um dos fundamentos do Estado Democrático de Direito.

Rizatto Nunes[9] procurando esclarecer o que viria ser dignidade, nos diz que:

> Dignidade é um conceito que foi sendo elaborado no decorrer da história e chega ao início do século XXI repleta de si mesma como um valor supremo, construído pela razão jurídica.
>
> Com efeito, é reconhecido o papel do Direito como estimulador do desenvolvimento social e freio da bestialidade possível da ação humana.
>
> A dignidade é garantida por um princípio. Logo, é absoluta, plena, não pode sofrer arranhões nem ser vítima de argumentos que a coloquem num relativismo.
>
> Não há alternativa: ou se afirma a dignidade como um bem intangível absolutamente, ou se acaba permitindo sua violação em nome de qualquer outro bem. E, aliás, foi em função desse relativismo que pessoas de várias classes e estamentos, cientistas, etc. foram queimados nas fogueiras. Em prol da existência de uma única religião, torturas e mais mortes foram praticadas. Em nome da cor da pele ou por qualquer outro motivo, o mesmo: mais atrocidades.
>
> É salutar lembrar que o ideal jurídico mundial evoluiu, e, no caso brasileiro, seu reflexo aparece no Texto

[9] A Dignidade da Pessoa Humana e o Papel do Julgador

Constitucional. Esse ideal avançou positivamente em termos de pensamento jurídico, embora mesmo nas nações mais desenvolvidas do globo haja prática de Estado, das instituições e dos grupos econômicos em sentido oposto.

Lembremos que nossos avós e bisavós - muitos vivos - fugiram de perseguição racista e da discriminação. As Américas foram assim colonizadas. Mas, na robusta comunidade européia atual, é crescente a posição discriminatória. Nos EUA o problema contemporâneo não é diferente.

E a questão não é só de cor da pele ou origem social ou econômica. A variação dos abusos é muito grande. Noam Chomsky, com percuciência, observa que; "o racismo sempre existiu". Mas ele desenvolveu-se como princípio importante do pensamento e da percepção no contexto do colonialismo. Isso é compreensível, pois quando você oprime alguém precisa alegar alguma coisa. A justificativa acaba sendo o nível de depravação e vício moral do oprimido.

É impressionante perceber esse conceito quando se trata de pessoas que não são muito diferentes entre si. Examine a conquista britânica da Irlanda, a primeira das conquistas coloniais ocidentais. Ela foi descrita nos mesmos termos que a conquista da África. Os irlandeses eram uma raça diferente, não eram humanos, não eram como nós. Eles tinham que ser esmagados e destruídos.[10]

É por isso que se torna necessário identificar a dignidade da pessoa humana como uma conquista da razão ético-jurídica, fruto da reação à história de atrocidades que, infelizmente, marca a experiência humana.

Assim, para definir dignidade é preciso levar em conta todas as violações que foram praticadas para, contra elas, lutar.

---

[10] A Minoria Próspera e a Multidão Inquieta, pag. 100

Então, extrai-se da experiência histórica o fato de que a dignidade nasce com o indivíduo. O ser humano é digno porque é. Assim, a dignidade nasce com a pessoa. É-lhe inata. Inerente à sua essência.

Mas acontece que nenhum indivíduo é isolado. Ele nasce, cresce e vive no meio social. Ele nasce com integridade física e psíquica, mas chega um momento de seu desenvolvimento que seu pensamento tem de ser respeitado, suas ações e seu comportamento – isto é, sua liberdade - sua imagem, sua intimidade, sua consciência – religiosa, científica, espiritual - etc., tudo compõe sua dignidade.

Claro que se, de um lado, a qualidade da dignidade cresce, amplia-se, enriquece-se, de outro, novos problemas em termos de guarida surgem. Afinal, na medida em que o ser humano age socialmente, poderá ele próprio – tão dignamente protegido – violar a dignidade de outrem.

Ter-se-á, então, de incorporar no conceito de dignidade a qualidade social como limite à possibilidade de garantia. Ou seja, a dignidade só é garantia ilimitada se não ferir outra.

E ainda resta mais um aspecto: essa outra poderia ser ela própria? Ou, em outros termos, pode o indivíduo violar a própria dignidade? Por exemplo, drogando-se? Tentando se matar? Abandonando-se materialmente? Embebedando-se? Enfim, há algo de consciência ética, filosófica e/ou científica na garantia da própria dignidade?

Temos de dizer que, de fato, como se trata de uma razão jurídica adquirida do decurso da história, e nesta tanto a ciência como a filosofia e a ética também se sustentam numa evolução da própria razão humana, a resposta é não. Não pode o indivíduo agir contra a própria dignidade.

E por isso não pode o Princípio da Dignidade da Pessoa Humana ser desconsiderado em nenhum ato de interpretação, aplicação ou criação de normas jurídicas.

Nelson Rosenvald[11] afirma que o atual entendimento sobre a dignidade humana, nasceu na Alemanha, pois a Lei Fundamental de Bonn, imposta pelas grandes potências do Estado alemão após a Segunda Guerra Mundial, estabelece, em seu art. 1º, parágrafo 1º, que "a dignidade do homem é intangível. Respeitá-la e protegê-la é obrigação de todos os poderes estatais".

Mencionado princípio também se encontra estampado no art. 1º da Declaração Universal dos Direitos Humanos, de 1948, que diz: "todos os seres humanos nascem livres e iguais em dignidade e direitos".

Alexandre de Moraes[12] por sua vez, ensina que: A dignidade da pessoa humana é um valor espiritual e moral inerente a pessoa, que se manifesta singularmente na autodeterminação consciente e responsável da própria vida e traz consigo a pretensão ao respeito por parte das demais pessoas, constituindo-se em um mínimo invulnerável que todo estatuto jurídico deve assegurar, de modo que apenas excepcionalmente possam ser feitas limitações ao exercício dos direitos fundamentais, mas sempre sem menosprezar a necessária estima que merecem todas as pessoas enquanto seres humanos.

A referência à dignidade da pessoa humana parece englobar todos os direitos fundamentais e os de fundo econômico ou social.

Mas, a dignidade também tem uma conotação moral. São as próprias pessoas que conferem ou não dignidade às suas vidas.

[11] Nelson Rosenvald (2005, p. 6)

[12] Alexandre de Moraes (2007, p. 129)

Todavia, o que o constituinte quiz dizer é que um dos fins do Estado, será propiciar condições para que a vida das pessoas se tornem dignas.

Piero Perlingieri, citado por Nelson Rosenvald, defende a existência de uma cláusula geral de tutela da pessoa humana,[13] visto que é a pessoa humana que deve ser a tônica de todo o sistema, tendo, pois, o Estado Democrático de Direito, na garantia de sua dignidade um de seus basilares fundamentos.

Disto também decorre a possibilidade de haver legislação infraconstitucional tratando da dignidade da pessoa humana, visando a sua implementação, da melhor forma.

Dessa maneira, esclarecedora se torna a transcrição de Willis Santiago Guerra Filho,[14] pois: Dentre os princípios fundamentais gerais, enunciados no art. 1º da Constituição de 88, merece destaque especial aquele que impõe o respeito à dignidade da pessoa humana. O princípio mereceu formulação clássica na ética kantiana, precisamente na máxima que determina aos homens, em suas relações interpessoais, não agirem de molde a que o outro seja tratado como objeto, e não como igualmente um sujeito.

É inequívoco que cada ser humano tem uma opinião afirmativa e construtiva de si mesmo, considerando-se honesto, trabalhador, responsável, inteligente, bonito, leal, entre outros atributos. Trata-se de um senso ligado à dignidade (respeitabilidade ou amor-próprio) ou ao decoro (correção moral).

Não é demais lembrar-se, que a dignidade humana pode ser ofendida de muitas maneiras. Tanto a prática de medidas como a tortura, sob todas as suas modalidades, quanto

---

[13] (2005, p. 28)

[14] Willis Santiago Guerra Filho (2003, p. 49)

a qualidade de vida desumana (fome, abrigo, baixos salários...) podem impedir que o ser humano cumpra na terra a sua missão, podem impedir que o ser humano tenha um sentido para a sua vida.

Em razão disto, aflui a importância do Poder Judiciário, como efetivo garantidor da dignidade humana, exigindo inexoravelmente o respeito aos direitos fundamentais.[15]

Ainda, sobre a importância do Poder Judiciário, escreve Ingo Wolfgang Sarlet[16].: No que concerne à vinculação aos direitos fundamentais, há que se ressaltar a particular relevância da função exercida pelos órgãos do Poder Judiciário, na medida em que não apenas se encontram, eles próprios, também vinculados à Constituição e aos direitos fundamentais, mas que exercem, para além disso (e em função disso) o controle da constitucionalidade dos atos dos demais órgãos estatais, de tal sorte que os tribunais dispõem – consoante já assinalou em outro contexto – simultaneamente do poder e do dever de não aplicar os atos contrários à Constituição, de modo especial os ofensivos aos direitos fundamentais, inclusive declarando-lhes a inconstitucionalidade. É neste contexto que se têm sustentado que são os próprios tribunais, de modo especial a Jurisdição Constitucional por intermédio de seu órgão máximo, que definem, para si mesmos e para os demais órgãos estatais, o conteúdo e sentido "correto" dos direitos fundamentais.

---

[15] (MARINONI;ARENHART, 2006, p. 454-455).

[16] Ingo Wolfgang Sarlet (2005, p. 369)

VALORES SOCIAIS DO TRABALHO E DA LIVRE INICIATIVA

O trabalho dignifica o ser humano.

Pelo trabalho o indivíduo transforma o mundo, assegura a sua subsistência e a daqueles que dele dependem.

É muito frequente identificar-se certas pessoas pelo trabalho que realizam, ou mesmo pela empresa em que exercem suas atividades, chegando, suas atividades e ou seus empregadores, a integrarem seu nome. É o caso, por exemplo, do Irineu do Departamento Pessoal e ou do Luiz da Durex.

Pelo trabalho o ser humano transcende a sua condição, se supera, busca a perfeição e aproxima-se de Deus.

Mas, obviamente, o trabalho que redime não é o escravo, mas o livre. Não é o trabalho imposto de fora que satisfaz, mas o trabalho livremente escolhido.

Para que o homem projete sua personalidade no trabalho é necessário que o Estado assegure postos (política mercadológica) e a opção individual de cada um.

Assim, afigura-se plenamente pertinente a citação de trechos do trabalho de Antonio Baylos, Professor Catedrático em Direito do Trabalho da Universidad de Castilla La Mancha (Espanha)[17] que nos diz:

> O que Korsch chama "perspectiva jurídico-social" na interpretação jurídica pode ler-se como um "uso alternativo do direito" antes de sua formulação, porque este reivindica transladar a luta de classes à "consciência jurídica da época" e construir uma exposição do ordenamento jurídico desde a perspectiva de classe, tanto no que diz respeito à crítica da regulação jurídica como no relativo à elaboração de novas re-

[17] Ciudadanía en el trabajo – Revista do Advogado – pag 2

gras que permitam uma melhor correlação de forças para a classe trabalhadora.[18]

Dentro dos marcos do direito burguês, não há lugar para o conceito de "constituição do trabalho", todo ele se rege pela categoria do contrato livre[19]. O discurso é muito conhecido, mas não por isso deixa de impactar-nos como algumas recordações distantes sempre vivas. Num marco normativo de livre empresa e de liberdade de contratação se consuma a cisão entre o homem e o cidadão e se considera a liberdade do trabalhador com independência da sua posição social em geral e sua posição na empresa, ante um sistema de organização do trabalho unilateralmente definido pelo empresário. O contrato de trabalho é a expressão da liberdade alienada de uma pessoa, a liberdade de trabalho é a competência à baixa ditada pela necessidade, a igualdade das partes desaparece na esfera de produção e se substitui pelo ingresso do trabalhador numa ordem despótica imposta unilateralmente.

"O momento no qual o trabalhador 'livre' usa sua liberdade para celebrar um contrato 'livre' de trabalho lhe marca ao mesmo tempo o fim de sua liberdade. Por meio do contrato 'livre' de trabalho entregou sua liberdade e se submeteu a um amo. Isto não é uma brincadeira nem uma licença poética, visto que tem uma seriedade sóbria e prosaica. Não passa pela cabeça do empregador continuar tratando como um ser livre e com igualdade de direitos a força de trabalho que adquiriu e utiliza em sua empresa, com cujo possuidor havia previamente celebrado o 'contrato livre de trabalho' como se fossem duas pessoas igualmente livres" (KORSCH, 1980, p. 14).

Não é uma licença poética, senão uma evidência que Karl Korsch explica com palavras claras que logo se fizeram conhecidas, embora nem sempre sejam citadas corretamente.

"A liberdade e a igualdade de direito dos contratantes se mostram como o simples disfarce ideológico da violência brutal e descarnada que possui a relação de domínio na qual,

---

[18] KORSCH, K. Lucha de clases y derecho del trabajo. Trad. española de Arbeitsrecht fur Betriebsrate (1922), de Juan Luis Vermal. Barcelona: Ariel, 1980.

[19] Utilizando o termo de constituição do trabalho como sinônimo de constituição democrática, posto que Korsch emprega também este conceito para identificar o sistema de poder nos lugares de produção em cada período histórico determinado.

sob a vigência ilimitada do princípio do contrato livre de trabalho cai inevitavelmente o trabalhador apenas cruzando a porta a fábrica.

O recurso de analogia com o processo histórico da luta pelas liberdades civis introduz a necessidade política da democratização da empresa como uma segunda fase na lógica da consecução da igualdade substancial, que se configura expressamente nessa concepção como um processo que deve atravessar várias etapas, o que leva a certo gradualismo na implantação da democracia industrial, no ogro de uma constituição do trabalho democrática e nos instrumentos que farão com que se desenvolva nessa direção.

Poder-se-ia assinalar alguns elementos de "transição" desde o despotismo ilimitado do empresário até este outro cenário que se desenha como uma meta a ser alcançada, restando oportuno mencionar, dentre outros, a intervenção do estado e da norma estatal imperativa que atenua as fórmulas despóticas e arbitrárias na fixação das condições de trabalho.

A versão através da qual se incorpora a expressão cidadania na empresa é a que se expande nos anos 1970 do século passado, que se refere ao gozo nos lugares de trabalho dos direitos clássicos de liberdade. É dizer, a liberdade ideológica ou religiosa, as liberdades de expressão e informação, ou bem os direitos ligados à privacidade do indivíduo, o direito à intimidade pessoal, que se põe em relação com uma ampla tutela antidiscriminatória baseada em certas suposições que podem convergir ou não com o exercício das ditas liberdades.

Anuncia-se assim uma maneira de se considerar que os direitos cidadãos não devem perder-se pelo fato de estar submetido a uma situação de subordinação técnica, econômica, social, em um círculo no qual a conduta das pessoas está determinada e ordenada por outra que possui uma posição de domínio. A relação de trabalho é o paradigma desta situação de poder privado, e sobre ela se deriva o debate sobre as condições de exercício da condição de cidadão.

O problema está centrado na exigibilidade dos direitos fundamentais, pelo que se translada na esfera normativa do Estado e em concreto a garantia jurisdicional destes direitos nas relações entre particulares. Por este lado costuma-se ilustrar o que se denomina eficácia direta dos direitos fundamentais 'inter privatos', mediante a consideração da garantia judicial de tais direitos como determinante e correspondente "aceitação judicial" da violação do direito entre particulares.

Na Espanha, esta chamativa democratização da empresa foi obra do tribunal Constitucional, através de uma série relativamente copiosa de sentenças, frente à inação da norma estatal - determinado o Estatuto dos Trabalhadores (ET) - a esse respeito. Os direitos fundamentais que devem ser respeitados no interior da empresa são antes de tudo aqueles que se reconhecem na totalidade dos cidadãos à margem de sua qualificação social como trabalhadores.[20] Se trata portanto de um amplo espectro que vai desde a liberdade ideológica e religiosa, ou o respeito à vida privada e à intimidade, até a liberdade de expressão e de informação, unidos num enérgico mandato de proibição de trato discriminatório pelos motivos fixados no art. 14 da Constituição Espanhola (CE), enriquecidos recentemente pela ampliação que dos mesmos realizou a normativa comunitária sobre este tema.[21]

Desta forma a empresa não é um território impenetrável às liberdades públicas que os trabalhadores gozam como cidadãos fora dela.

Em última instância, a dignidade da pessoa e dos direitos que lhe são inerentes justificaria, por si só, a necessária vigência dos direitos fundamentais no interior da empresa.

Nessa esteira, a Constituição Federal brasileira de 1988, introduziu um modelo econômico baseado na liberdade de iniciativa, que tem por finalidade assegurar a todos existência digna, conforme os ditames da justiça social, sem exclusões nem discriminações. Daí entende-se que, independentemente de sua natureza, se pública ou privada, toda empresa para desenvolver atividade econômica, seja esta in-

---

[20] Direitos "inespecíficos" na expressão de C. Palomeque (1991).

[21] Diretiva 2000/78/CE do Conselho, de 27/11/2000, relativa ao estabelecimento de uma marca geral para a igualdade do trato no emprego e na ocupação; Diretiva 2000/43/CE do Conselho, de 29/6/2000, relativa à aplicação do principio de igualdade de tratamento das pessoas independentemente de sua origem racial ou étnica, sem esquecer a reformulação da clássica igualdade de tratamento em função do gênero na Diretiva 2002/73/CE do Parlamento Europeu e do Conselho, de 23/9/2002.

dústria ou comércio, ou ainda, prestação de serviços, deve reger-se pelos princípios contidos no artigo 1º., incisos III e IV, da Carta Magna, que diz:

> Art. 1º A República Federativa do Brasil, formada pela união indissolúvel dos Estados e Municípios e do Distrito Federal, constitui-se em Estado Democrático de Direito e tem como fundamentos:
>
> I - a soberania;
>
> II - a cidadania
>
> III - a dignidade da pessoa humana
>
> IV - os valores sociais do trabalho e da livre iniciativa;
>
> V - o pluralismo político.
>
> Parágrafo único. Todo o poder emana do povo, que o exerce por meio de representantes eleitos ou diretamente, nos termos desta Constituição (grifo nosso)

A Assembleia Nacional Constituinte, realizada em 1988, ao proclamar o surgimento de um novo país, expressou no artigo 3º. da Carta que, nesse novo país chamado República Federativa do Brasil, existe a meta de se "construir uma sociedade livre, justa e solidária".

Ainda, considerando-se a agenda constituinte, "a saúde é direito de todos ..." (artigo 186). E se a saúde, de modo geral, é assim garantida, no campo das relações de trabalho, o Constituinte não se esqueceu de estabelecer algumas regras destinadas a promover a garantia da qualidade de vida no campo laboral, sendo elas, resumidamente, o direito à redução dos riscos inerentes ao trabalho (artigo 7- XXII); o direito ao pagamento de adicionais de remuneração em razão de riscos à saúde na atividade laboral (artigo 7-XXIII); o direito a seguro para indenizar as perdas de capacidade laborativa em razão dos infortúnios ocorridos no ato de produzir (artigo 7- XVIII); o direito à indenização civil por acidente de trabalho no caso deste advir de dolo ou culpa do empregador (artigo 7- XVIII).

Culpa, no dizer de Guilherme Couto de Castro[22] é a inobservância de uma conduta razoavelmente exigível para o caso concreto, sendo certo que a jurisprudência tem entendido, quase por unanimidade, que a culpa se caracteriza pela violação de um dever de cuidado, pois é obrigação do empregador antecipar-se, continuamente, aos riscos que o trabalho pode trazer aos seus empregados.

Desta forma, na esteira do já referenciado sobre galhofas de colegas de trabalho, cabe ao empregador zelar para que não exista discriminação, seja ela qual for, mas especialmente as que inflijam sofrimento ou humilhação.

Não é ocioso lembrar que no Brasil a distinção entre filhos - motivadora de muito sofrimento e de muita humilhação na vida da pessoa e no seu trabalho – por exemplo, instituída pelas Ordenações Filipinas (livro IV, título 93), somente foi completamente abolida com a Constituição de 1988, ao regrar, no art. 227 § 6º. que: "Os filhos, havidos ou não da relação do casamento, ou por adoção, terão os mesmos direitos e qualificações, proibidas quaisquer designações discriminatórias relativas à filiação.

É que as sociedades modernas primam pela incessante busca da eliminação da discriminação, a fim de todos possuírem igualdade como sujeitos de direitos e de obrigações, sendo a permissibilidade e ou a falta de zelo, características da culpa ou do dolo.

---

[22] 1997, pág.8

HISTÓRICO DO ACIDENTE DO TRABALHO

Os primitivos humanos passavam por toda forma de penúria para conseguirem seu sustento. As caçadas eram atividades perigosas e extremamente arriscadas, pois, em razão da compleição física do ser humano, bem poderiam - de caçadores, tornando-se caça - serem devorados.

As atividades extrativistas também exigiam habilidades para escalar árvores, o que também trazia grande risco de acidentes.

De outro lado, para facilitar tais atividades, desde a idade da pedra, os seres humanos fabricavam e utilizavam rudimentares instrumentos cortantes ou perfurocortantes, o que por certo, também foi causa de diversos acidentes e de diversas lesões.

Contudo, com o crescimento sempre constante das populações, as dificuldades da cultura rudimentar e as lutas tribais fizeram com que o espírito criador do homem o lançasse a novos inventos, permitindo-lhe avançar da pedra lascada ao fogo, à alavanca, à roda e a forças mecânicas.

O objetivo primitivo da humanidade era apenas a caça e o cultivo, alterando seus hábitos com o passar dos séculos, para os ideais de domínio.

Daí a exposição dos seres humanos aos riscos do trabalho só aumentou, em que pese toda a evolução e tecnologia alcançada pela humanidade.

Na Antiguidade os trabalhos mais pesados, bem como aqueles envolventes de riscos, eram feitos pelos escravos conseguidos nas guerras ocorridas entre as nações.

O trabalho era considerado uma atividade vil, destinado às camadas mais baixas da sociedade e os escravos poderiam ser mortos ou mutilados por seus amos.

Inúmeros escritos mostram quanto eram comuns as deformações físicas, as enfermidades e muitas outras sequelas, oriundas dos abusos praticados pelos empregadores no tocante aos seus trabalhadores.

A escravidão foi largamente usada na civilização egípcia, grega e romana. O regime escravagista tratava o homem como mercadoria, logo, por razões óbvias, não outorgava direito trabalhista ou qualquer regra de proteção à sua saúde.

Remontando-se ao Império Romano verifica-se que o trabalho era atividade destinada às classes mais baixas e que, por isso mesmo, não dependia de proteção maior.

Foi com a Lex Acquilia (286. A.C) que teve início a proteção contra os acidentes do trabalho, pois ali há menção sobre a morte injusta do escravo alheio e os danos causados por incêndio, fratura ou qualquer forma de deterioração. Posteriormente se amplia a proteção, pois se concede uma "actio utilis" às pessoas livres.

Aparece, então, uma nova formação econômica, política e social: o feudalismo.

A base das relações de produção deste regime é a propriedade dos senhores feudais sobre os meios de produção e, em primeiro lugar sobre a terra. A palavra feudal provém do latim "feodum" que identifica as terras que o rei distribuía entre os seus senhores em pagamento ao apoio militar que recebia.

Os camponeses dependiam dos senhores feudais, mas não eram propriedade deles. Os servos trabalhavam a terra do senhor e em retribuição recebiam um pequeno terreno que era trabalhado pela sua conta; estes terrenos cedidos podiam ser herdados, mas pagando ao senhor uma taxa. O feudo emprestava aos servos os moinhos, ferramentas, depósitos, currais, etc., de forma bastante onerosa e nem sempre acompanhados de boa manutenção o que trazia sérios riscos de acidente, mutilação e morte.

Ao lado de pequenas unidades artesanais começam a aparecer grandes empresas empregando trabalhadores não submetidos à servidão; o comércio cresce além dos mares. Aos poucos começa a se estruturar um novo sistema, o sistema capitalista que, para se desenvolver a contento precisou de uma força de trabalho livre e altamente explorada.

Começam as revoluções. A Revolução Industrial trouxe a libertação do trabalhador e o exacerbado acréscimo de acidentes.

Teve inicio, então, um sentimento humano e jurídico do trabalho, criando-se regras de interrelacionamento, onde o sentido protetivo do trabalhador, de sua integridade física e de sua vida, começou a tomar corpo.

A dignidade do trabalhador, que antes não era questão importante para os patrões, com o início desse novo ciclo social, passou a ter outro sentido. O Estado deveria satisfazer o bem-estar da coletividade, criando limitações aos interesses exclusivamente pessoais, intervindo, se necessário, para a proteção dos fracos e desamparados.

A Revolução Francesa suprimiu uma série de injustiças sociais, chegando a criar regras de indenização às vítimas de acidentes do trabalho e a redução da exploração industrial sobre a mão de obra.

Surgiram, pois, conceitos modernos de interrelacionamento, onde as soluções para a segurança do trabalho, tornaram-se importantes.

Com a evolução industrial houve o aparecimento de toda uma maquinaria não dotada da necessária segurança a seu operador, razão de terem sido consideradas perigosas, por terem provocado infinitas lesões e mutilações nos trabalhadores.

A falta de treinamento, a falta de preocupação com a integridade física e mesmo com a vida do empregado e a normal intimidade que surge entre o trabalhador e sua máquina, fazendo-o esquecer o quanto ela é perigosa e agressiva, aumentou, consideravelmente, a ocorrência de acidentes laborais.

Assim, ao longo de mais de um século a legislação pertinente à segurança no trabalho vem sofrendo processo evolutivo, visando melhor atender aos anseios da classe trabalhadora, especialmente nas categorias mais sujeitas às lesões traumáticas ou às doenças resultantes das condições de seu trabalho.

Essa evolução, em sentido amplo, é que fez surgir, na trajetória histórica, toda uma legislação protetora do dano oriundo das condições de trabalho.

Desse conflito entre trabalhadores e empresários, surgiram soluções relativas aos danos que as atividades laborais provocam e uma legislação, ainda não totalmente apropriada, não só para prevenir, como para indenizar.

Não raro, as contingências da vida, como a premência econômica para o sustento do lar, a intenção natural do progresso individual, ou a própria falta de cultura, levam o indivíduo a um trabalho desordenado, sem atentar para suas condições físicas, do que resulta a ocorrência maior de sinistros ou doenças, que se não levam o trabalhador à morte, pode incapacitá-lo parcial ou totalmente.

De modo sintético, pode-se destacar como fatores acidentários do mundo moderno, a introdução de tecnologias, particularmente da automação e da robótica que substitui a mão de obra; o declínio das atividades de manufatura e crescimento do setor de serviços; aumento do nível de desemprego em várias regiões do globo; aumento de intensidade da duração do trabalho; aumento do trabalho realizado em tempo parcial e ou sazonal; diminuição dos níveis de remuneração; aumento do "stress" e das doenças dele decorrentes.

É indiscutível que, hodiernamente, doenças pouco especificadas ou mal conhecidas estão surgindo, sob forma de graves manifestações de "stress" ou de sofrimento mental, decorrentes das novas exigências impostas aos trabalhadores, a exemplo da necessidade de pessoas especializadas, da necessidade de mais atenção ou decorrentes da assunção da responsabilidade por uma linha de produção, por um setor de comercialização ou departamento técnico, dentre outras.

CONCEITO DO ACIDENTE DO TRABALHO

O conceito legal de acidente do trabalho está definido no artigo 19 da Lei nº 8.213 de 1991 nos seguintes termos:

> Acidente do trabalho é o que ocorre pelo exercício do trabalho a serviço da empresa ou pelo exercício do trabalho dos segurados referidos no inciso VII do artigo 11 desta Lei, provocando lesão corporal ou perturbação funcional que cause a morte ou a perda ou redução, permanente ou temporária, da capacidade para o trabalho.
>
> Ficam excluídos os empregados domésticos e os contribuintes individuais e facultativos, os quais não receberão o benefício de auxílio-acidente.

A doutrina, a seu turno, o conceitua como todas as ocorrências não programadas, inesperadas, das quais resultem perdas materiais ou humanas, ou até mesmo a morte do trabalhador.

Além do acidente laboral propriamente dito, também as doenças ocupacionais são consideradas como acidente do trabalho, nos termos dos artigos 20 e 21 da lei previdenciária nº 8.213/91:

> Art. 20. Consideram-se acidente do trabalho, nos termos do artigo anterior, as seguintes entidades mórbidas:
>
> I - doença profissional, assim entendida a produzida ou desencadeada pelo exercício do trabalho peculiar a determinada atividade e constante da respectiva relação elaborada pelo Ministério do Trabalho e da Previdência Social;

II - doença do trabalho, assim entendida a adquirida ou desencadeada em função de condições especiais em que o trabalho é realizado e com ele se relacione diretamente, constante da relação mencionada no inciso I.

§ 1º Não são consideradas como doença do trabalho:

a) a doença degenerativa;

b) a inerente a grupo etário;

c) a que não produza incapacidade laborativa;

d) a doença endêmica adquirida por segurado habitante de região em que ela se desenvolva, salvo comprovação de que é resultante de exposição ou contato direto determinado pela natureza do trabalho.

§ 2º Em caso excepcional, constatando-se que a doença não incluída na relação prevista nos incisos I e II deste artigo resultou das condições especiais em que o trabalho é executado e com ele se relaciona diretamente, a Previdência Social deve considerá-la acidente do trabalho.

Art. 21. Equiparam-se também ao acidente do trabalho, para efeitos desta Lei:

I - o acidente ligado ao trabalho que, embora não tenha sido a causa única, haja contribuído diretamente para a morte do segurado, para redução ou perda da sua capacidade para o trabalho, ou produzido lesão que exija atenção médica para a sua recuperação;

II - o acidente sofrido pelo segurado no local e no horário do trabalho, em consequência de:

a) ato de agressão, sabotagem ou terrorismo praticado por terceiro ou companheiro de trabalho;

b) ofensa física intencional, inclusive de terceiro, por motivo de disputa relacionada ao trabalho;

c) ato de imprudência, de negligência ou de imperícia de terceiro ou de companheiro de trabalho;

d) ato de pessoa privada do uso da razão;

e) desabamento, inundação, incêndio e outros casos fortuitos ou decorrentes de força maior;

III - a doença proveniente de contaminação acidental do empregado no exercício de sua atividade;

IV - o acidente sofrido pelo segurado ainda que fora do local e horário de trabalho:

a) na execução de ordem ou na realização de serviço sob a autoridade da empresa;

b) na prestação espontânea de qualquer serviço à empresa para lhe evitar prejuízo ou proporcionar proveito;

c) em viagem a serviço da empresa, inclusive para estudo quando financiada por esta dentro de seus planos para melhor capacitação da mão-de-obra, independentemente do meio de locomoção utilizado, inclusive veículo de propriedade do segurado;

d) no percurso da residência para o local de trabalho ou deste para aquela, qualquer que seja o meio de locomoção, inclusive veículo de propriedade do segurado.

§ 1º Nos períodos destinados a refeição ou descanso, ou por ocasião da satisfação de outras necessidades fisiológicas, no local do trabalho ou durante este, o empregado é considerado no exercício do trabalho.

§ 2º Não é considerada agravação ou complicação de acidente do trabalho a lesão que, resultante de acidente de outra origem, se associe ou se superponha às consequências do anterior.

Assim, podemos concluir, resumidamente, que para a legislação brasileira, acidente do trabalho são todos os eventos ocorridos pelo exercício ou em decorrência do trabalho, que causem lesão corporal ou perturbação funcional, morte, perda ou redução da capacidade para o trabalho, bem como as doenças profissionais, assim como os infortúnios ocorridos no local do trabalho decorrentes de atos intencionais ou não de terceiros ou de companheiros do trabalho; os oriundos de casos fortuitos ou de força maior; as doenças provenientes de contaminação acidental no exercício da atividade; os ocorridos no percurso residência/local de trabalho/residência e os ocorridos nos horários das refeições.

O MEIO AMBIENTE DO TRABALHO NA CONSTITUIÇÃO FEDERAL DE 1988

O bem-estar comum é direito de todos. Somente uma empresa responsável se preocupará em proporcionar vida digna a seus empregados.

É imperativa a busca de uma convivência mais harmoniosa entre os diferentes atores do meio laboral. É imprescindível a ao ser humano, um meio ambiente laboral salutar.

Nesse contexto, o meio ambiente do trabalho, que abriga o trabalhador por mais tempo do que a sua residência, implica em um conjunto de condições existentes no local de trabalho voltados à qualidade de vida do trabalhador.

Assim, o desrespeito ao ambiente de trabalho não afeta somente o trabalhador e sua família, mas a toda sociedade.

Considerando que o trabalho dignifica o ser humano, é necessária a existência de condições decorosas e normas protetoras ao trabalhador, que visem melhores condições sociais à classe operária e às suas famílias.

No Brasil, o direito trabalhista foi fortalecido pelo Direito Constitucional em 1934. Entretanto, foi somente com a Carta de 1988 que o meio ambiente do trabalho adquiriu regras mais eficazes para sua proteção e defesa.

Ao constitucionalizar as normas trabalhistas, a Constituição Brasileira de 1988 o fez mediante estabelecimento de vários princípios.

Entre os princípios fundamentais estatuídos na Lei Fundamental brasileira, estão:

a) os princípios da valorização do trabalho, da livre iniciativa e da dignidade da pessoa humana (CF/88, art. 1º, incs. III e IV).

Art. 1º A República Federativa do Brasil, formada pela união indissolúvel dos Estados e Municípios e do Distrito Federal, constitui-se em Estado Democrático de Direito e tem como fundamentos:

I - ...;

II - ...;

III – a dignidade da pessoa humana;

IV – os valores sociais do trabalho e da livre iniciativa;

V - ...

b) A ordem social e econômica, com o intuito maior de dar efetividade aos princípios fundamentais e à melhoria das condições sociais do trabalhador e de sua família (CF/88, arts. 6º, 7º, *caput, incisos XXII, XXVII e XXVIII*; 170 e 200, inc. VIII).

Art. 6º São direitos sociais a educação, a saúde, o trabalho, a moradia, o lazer, a segurança, a previdência social, a proteção à maternidade e à infância, a assistência aos desamparados, na forma desta Constituição. (Redação dada pela Emenda Constitucional nº 26, de 2000)

Art. 7º São direitos dos trabalhadores urbanos e rurais, além de outros que visem à melhoria de sua condição social:

(...)

XXII - redução dos riscos inerentes ao trabalho, por meio de normas de saúde, higiene e segurança;

(...)

XXVII - proteção em face da automação, na forma da lei;

XXVIII - seguro contra acidentes de trabalho, a cargo do empregador, sem excluir a indenização a que este está obrigado, quando incorrer em dolo ou culpa;

> (...)
>
> Art. 170. A ordem econômica, fundada na valorização do trabalho humano e na livre iniciativa, tem por fim assegurar a todos existência digna, conforme os ditames da justiça social, observados os seguintes princípios:
>
> (...)
>
> Art. 200. Ao sistema único de saúde compete, além de outras atribuições, nos termos da lei:
>
> (...);
>
> VIII - colaborar na proteção do meio ambiente, nele compreendido o do trabalho.

Depreende-se, pois, que o maior bem tutelado pela atual Constituição Federal é o direito à vida digna, sendo certo que o ambiente laboral salutar e a integridade física e mental dos trabalhadores depende não só da tutela da saúde, higiene e segurança, no meio em que realizam suas atividades laborais, mas também do meio e de fatores externos.

Como uma vida sadia pressupõe a ausência de doenças físicas ou psíquicas, o Texto Maior impõe ao Poder Público a obrigação de garanti-la e à sociedade a obrigação de participar da prevenção.

Oportuno, nesse passo, é o trabalho do Dr. João José Sady, publicado na Revista do Advogado 97 da Associação dos Advogados de São Paulo, às fls. 82 e seguintes, que trata do Direito à sanidade no meio ambiente de trabalho, dizendo-nos, dentre outras coisas que:

> A Constituição Federal proclama um programa de proteção à sanidade no meio ambiente de trabalho, cuja base principal reside em seu artigo 7º., inciso XXII, que dispõe ser direito dos trabalhadores a "redução dos riscos inerentes ao trabalho, por meio de normas de saúde, higiene e segurança". Este objetivo é perseguido por meio da instituição de mecanismos de prevenção que

incluem a intimidação do empregador mediante acréscimos na folha salarial, ou seja, a chamada monetização dos perigos do trabalho[23] (adicional de remuneração para as atividades penosas, insalubres ou perigosas, na forma de lei, art. 7º. XXIII, da CF).

A base da atuação estatal preventiva consiste na imputação de providências acauteladoras e na demarcação de comandos minuciosos que fixam os limites da agressão à saúde.

Para compatibilizar as necessidades de objetividade e flexibilidade deste regramento, a ordem jurídica delegou ao Ministério do Trabalho esta tarefa, por meio do disposto no artigo 190 da CLT: "o Ministério do Trabalho aprovará o quadro das atividades e operações insalubres e adotará normas sobre os critérios de caracterização da insalubridade, os limites de tolerância aos agentes agressivos, meios de proteção e o tempo máximo de exposição do empregado a esses agentes".

Para desempenhar esta tarefa foram produzidas dezenas de normas regulamentadoras do trabalho urbano e outras relativas ao trabalho rural,[24] todas concatenadas com a Portaria MTe 3.214/1978, a partir da qual vão exercendo seus efeitos de irradiação. A empresa detém o poder de comando para a atividade produtiva e a ela incumbe, portanto, observar e fazer observar os ditames de saúde e segurança, garantindo a eficácia do direito à

---

[23] Gustavo Felipe Barbosa Garcia (Meio ambiente de trabalho, São Paulo, Método, 2006, pg.18) considera que estes adicionais "fazem parte dos direitos sociais, os quais também figuram como direitos humanos fundamentais".

[24] Mônica Maria Lauzid Moraes. O direito à saúde e segurança no meio ambiente do trabalho, São Paulo, LTr, 2002, pg.36: "o uso aleatório de agrotóxicos consome toneladas/ano de veneno, cuja ação química, em média, leva de 30 a 40 anos para findar seus efeitos. Sem falar na ironia maior de que esses venenos são utilizados de forma preventiva e livremente em nosso país, enquanto em seus países de origem sua comercialização é proibida".

sanidade no meio ambiente de trabalho. [25] A doutrina, todavia, não se cansa de apontar que "muito embora a proteção jurídica referente a esse direito humano básico já tenha sido declarada e reconhecida no ordenamento jurídico, o que falta é o seu cumprimento". [26]

Os Serviços Especializados em Engenharia de Segurança e Medicina do Trabalho são órgão que todos os empregadores públicos e privados devem manter obrigatoriamente "com a finalidade de promover a saúde e proteger a integridade do trabalhador no local de trabalho". Ao aderir à Convenção 161 da Organização Internacional do Trabalho (OIT), o Brasil assumiu o compromisso de que tais serviços haveriam de "gozar de independência profissional completa com relação ao empregador, aos trabalhadores e aos seus representantes" (art.10). No entanto, nossa legislação permite que sejam meros serviços montados unilateralmente pela empresa ou por ela contratados de forma terceirizada. A Doutrina, tem salientado que nesta opção[27] "seus agentes são empregados da empresa, o que, na maioria dos casos, prejudica essencialmente o desenvolvimento das atribuições do SESMT, ficando o serviço reduzido ao mero diagnóstico técnico e médico, pois passa a tratar dos sintomas sem adentrar o nexo causal da agressão à saúde e segurança do trabalhador (fator ou agente prejudicial versus atividade desenvolvida pelo empregado)".

O Programa de Controle Médico de Saúde Ocupacional - PCMSO tem o objetivo de promover e preservar a saúde dos trabalhadores de cada empresa, consti-

---

[25] Sandro Nahemias Melo, Meio ambiente do trabalho, direito fundamental. São Paulo. LTr, 2001, p. 72: "o direito ao meio ambiente de trabalho equilibrado sob todos os prismas analisados – como aspecto do meio ambiente geral ou como elemento essencial à vida, com qualidade e dignidade do obreiro - é um direito fundamental do trabalhador.

[26] Norma Sueli Padilha. Do meio ambiente de trabalho equilibrado, São Paulo. LTr, 2002, p.129.

[27] Mônica Maria Lauzid Moraes, O direito à saúde e segurança no meio ambiente do trabalho, São Paulo, Ltr, 2002, p. 149

tuindo-se num conjunto de mecanismos de controle da saúde dos obreiros.

Em cada empresa, outrossim, haverá de ser preparado e implantado o Programa de Prevenção de Riscos Ambientais - PPRA, "visando à preservação da saúde e da integridade dos trabalhadores, através da antecipação, reconhecimento, avaliação e consequente controle da ocorrência de riscos ambientais existentes ou que venham a existir no ambiente de trabalho, tendo em consideração a proteção do meio ambiente e dos recursos naturais".

A Comissão Interna de Prevenção de Acidentes - CIPA é composta de representantes dos empregados e do empregador e "tem como objetivo a prevenção de acidentes e doenças decorrentes do trabalho, de modo a tornar compatível permanentemente o trabalho com a preservação da vida e a promoção da saúde do trabalhador".

Tais instrumentos encontram correspondentes na área do trabalho agrícola.

A introdução desses mecanismos agrega certa dose de responsabilidade do empregador quanto aos riscos à saúde. A ordem jurídica estabelece normas de prevenção com relação ao perigo e consequente redução dos riscos. Veja-se que Gerd Winter,[28] Professor na Universidade de Bremen, diferencia perigo ambiental de risco ambiental. Diz que, "se os perigos são geralmente proibidos, o mesmo não acontece com os riscos. Os riscos não podem ser excluídos, porque sempre permanece a probabilidade de um dano menor. Os riscos podem ser minimizados. Se a legislação proíbe ações perigosas, mas possibilita a mitigação dos riscos, aplica-se o "princípio da precaução", o qual requer redução da extensão, da frequência ou da incerteza do dano".

---

[28] Gerd Winter (ed.), European Environmental Law – A comparative perspective, Aldershot, UK, Dartmounth Publishing Company Limited, 1996, p.41 apud Paulo Afonso Leme Machado, " Direito ambiental e princípio da precaução", in Revista Eco 21, São Paulo, vol. 1, nº 82, 2003, pp. 28/30.

A marca do Direito Obreiro reside na fricção permanente entre o trabalho como valor social proclamado nas fortalezas de papel, e o papel do trabalho como mercadoria no mundo da economia real. O discurso do Direito do Trabalho desfralda como bandeira o anúncio de uma tese sintética, mas extremamente poderosa: a de que o trabalho não é uma mercadoria.[29] Este toque de trombeta assinala certa coesão nos dizeres emanados do conjunto das nações que integram a Organização Internacional do Trabalho (OIT) fazendo gala de que é preciso reconhecer a dignidade do trabalhador.

Para tanto, é necessário cuidar de que todos os esforços sejam envidados para prover a todos o direito a um trabalho decente:[30] "um trabalho produtivo e adequadamente remunerado, exercido em condições de liberdade, equidade e segurança, sem quaisquer formas de discriminação, e capaz de garantir uma vida digna a todas as pessoas que vivem de seu trabalho". Como se vê, todos dizem que a dignidade do trabalho é um direito fundamental, mas, por outro lado, a relação de trabalho no sistema capitalista, objetivamente, é um negócio de compra e venda. O que permeia a relação entre o real (o trabalho como mercadoria) e a negativa das classes dominantes sobre o real é o Direito, enquanto instância aparentemente equalizadora, dotada de aparato técnico induz à aparência de neutralidade.

A este respeito, vale lembrar esclarecimentos de Reginaldo Melhado: "A idéia de respeito à dignidade humana sensibiliza a qualquer espírito de compleição razoavelmente democrática, encanta por sua comovente valoração do trabalhador enquanto titular dos direitos e não como coisa que se compra com dinheiro e se usa

---

[29] Declaração de Filadélfia (constitutiva da OIT), art.40, [a] labour is not a commodity, acesso em 2/3/2008 in http://www.ilo.org/global/About_the_ILO/Origins_and_history/Constitution/lan-en/index.htm#annex.

[30] http://www.ortbrasil.org.br/trab_decente_2.php.

discricionariamente" (...) [31] "Em última análise é como se dissessem que conceituar o trabalho como coisa é muito feio. Não importa que a capacidade de trabalho seja em realidade negociada como tal, mas sim que isso não seja dito". [32] E, para arrematar: "o contrato de trabalho, com efeito, traduz uma relação jurídica de compra e venda de mercadorias específicas. A capacidade de trabalho é vendida pelo operário e comprada pelo dinheiro do empregador. O salário é o valor da capacidade de trabalho vendida". [33]

A cortina que veda ao nosso olhar a penetração neste universo é a legalidade, enquanto instância de neutralização técnica. A lei aparece aos nossos olhos como agente esterilizador dos ódios e apaziguador dos conflitos. A este respeito vale lembrar Alyson Leandro Mascaro:[34] "A história da legalidade no capitalismo é a história de uma instância social que completa o ciclo de reprodução econômica e que também legitima pela igualdade formal uma relação existencial de desigualdade. O fluxo destas águas turvas pelas torneiras limpas da lei não deixa esconder no entanto que o ciclo desta reprodução social não é inodoro e nem incolor".

O capital é uma relação em que diversos componentes são colocados em movimento combinado com a finalidade de gerar valor para ser vendido no mercado. Nessa dança, entram o dinheiro, matéria-prima, máquinas, pessoas, etc. Vale dizer que as pessoas constituem uma parte dessa operação, e a lógica do sistema impõe sua redução à condição de coisa. A forma de trabalho comparece nessa paisagem como coisa cujo custo depende dos mecanismos próprios do mercado. Abstraindo todo o cenário grandioso, contudo, o que existe é uma relação

---

[31] Reginaldo Melhado, Poder e sujeição, São Paulo, LTr, 2003, p.40.

[32] Idem, Ibidem, p.42.

[33] Idem, Ibidem, pg. 164.

[34] Alyson Leandro Mascaro, São Paulo, Quartier Latin, 2003, p. 24.

entre as pessoas que estão numa ponta, apropriando-se deste valor gerado pela atividade do capital, e pessoas que estão na outra ponta na condição de coisa que é apropriada pelo capital em seu movimento constante.

O Direito, portanto, não se limita a criar uma barreira ao olhar do intérprete, tecendo véus para encobrir as asperezas da relação capitalista. Ao contrário, apresenta-se perante os jurisdicionados como o instrumento que dá legitimidade ao sistema político. A idéia de Direito para o cidadão comum, é inseparável da idéia de justiça. Com efeito, este complexo de normas que regula o relacionamento das pessoas entre si, formalmente, existe para promover justiça, ou seja, para tentar conseguir que estas relações sejam equilibradas de modo a que uma parte não se aproveite indevida e abusivamente da outra. A concretização deste discurso sobre a justiça no quadro das relações de trabalho depende, todavia, da correlação de forças entre capital e trabalho em cada tempo e lugar.

A questão da saúde e da segurança no ambiente de trabalho evidencia a dualidade perversa por trás do discurso sedutor elaborado pela Doutrina. O aparato protetor foi estruturado tendo em conta as progressivas concessões do capital diante das pressões geradas pelos conflitos coletivos de trabalho e pelas sucessivas ondas de conscientização da cidadania em relação a tal necessidade. As concessões, contudo, ocorreram no bojo do conflito entre o capital e o trabalho, sempre preservando a blindagem do capital.

A muralha começou a apresentar rachaduras a partir da Constituição Federal de 1988 ao retirar a blindagem que protegia a empresa quando causasse dano pessoal em razão de culpa.

Neste território, vale registrar, ainda, os reflexos da CF/1988 em direção ao dano moral, abrindo a possibilidade de indenizações pela dor sofrida que, paulatinamente, foi acolhida, também, no campo acidentário, sob as formas de danos compensatórios e danos punitivos. A possibilidade de indenizar a dor de forma compensatória abriu outras portas para o reconhecimento ao direito à sanidade no campo emocional.

A jurisprudência passou a olhar, também, para esse terreno, reconhecendo a depressão, o stress, o burnou[35] como perigos reais que ameaçam o obreiro no meio ambiente de trabalho.

[35] A doutrina usa a expressão BURNOU para referir-se à chamada "Síndrome do Esgotamento Profissional".

DAS NORMAS REGULAMENTADORAS (NR'S)

A segurança e medicina do trabalho no Brasil são reguladas, na CLT, pelos artigos 154 a 201.

O artigo 155 determina que cabe ao Ministério do Trabalho (órgão de competência nacional) estabelecer normas regulamentadoras da matéria, que, como sabemos, é dinâmica e está em constante mutação.

Para dar cumprimento às atribuições autorizadas pela referida lei o Ministério do Trabalho expediu as Portarias de nº 3.214/78 e nº 3.067/88, nas quais estão consubstanciadas as Normas Regulamentadoras (NRs) dos preceitos básicos do sistema de segurança e medicina do trabalho.

Assim, foram editadas, até o momento, 30 (trinta) normas regulamentadoras (NRs), interessando-nos, mais de perto a NR 7, pois de seu conteúdo pode-se inferir:

1) que todos os trabalhadores devem ter o controle de sua saúde de acordo com os riscos a que estão expostos,

2) que a Convenção 161 da Organização Internacional do Trabalho (OIT), aprovou o Programa de Controle Médico de Saúde Ocupacional (PCMSO) com o escopo de promover e preservar a saúde do conjunto dos trabalhadores.

3) Que a implementação do PCMSO deve respeitar princípios éticos, morais e técnicos e é obrigatória a todos os empregadores e instituições que admitam trabalhadores como empregados, devendo, as empresas, garantirem, ainda, a eficácia do programa.

4) Que toda empresa deverá informar sobre os riscos que envolvem sua atividade aos seus empregados, bem como a eventuais empresas contratadas para prestar serviços em seu local de trabalho.

5) Que para coordenar o PCMSO a empresa deverá indicar um médico do trabalho do seu quadro de Serviços Especializados ou caso esteja desobrigada de manter médico do trabalho, deverá contratar e indicar médico do trabalho autônomo ou contratar médico de outra especialidade, caso inexista médico do trabalho na localidade.

6) Que o médico coordenador é competente e responsável, pelas seguintes funções dentre outras:

a) realizar os exames obrigatórios comuns ou complementares segundo o grau de risco da atividade;

b) Emitir, para cada exame médico realizado, o Atestado de Saúde Ocupacional - ASO, segundo os requisitos mínimos exigidos no item 7.4.4.3, em duas vias, uma para o empregado e outra para ser arquivada no local de seu trabalho;

c) Se constatar a ocorrência ou agravamento de doenças profissionais, através dos referidos exames médicos; ou sendo verificadas alterações que revelem qualquer tipo de disfunção de órgão ou sistema biológico, deverá nos termos do item 7.4.8:

- solicitar à empresa a emissão da Comunicação de Acidente do Trabalho - CAT;
- indicar, quando necessário, o afastamento do trabalhador da exposição ao risco, ou do trabalho;
- encaminhar o trabalhador à Previdência Social para estabelecimento de nexo causal, avaliação de incapacidade e definição da conduta previdenciária em relação ao trabalho;

- orientar o empregador quanto à necessidade de adoção de medidas de controle no ambiente de trabalho.

d) Arquivar os prontuários individuais de cada paciente/trabalhador por no mínimo 20 (vinte) anos e transferi-los para eventual sucessor;

e) Coordenar a implementação do PCMSO, o qual deverá obedecer a um planejamento em que estejam previstas as ações de saúde a serem executadas durante o ano;

Desta forma, resta evidente que cabe à empresa o ônus de implementar o Programa de Controle Médico e Saúde Ocupacional - PCMSO, segundo orientações do médico coordenador, a quem cabe a responsabilidade técnica.

Assim ambos são responsáveis pelo controle ambiental no local de trabalho e prevenção de doenças ocupacionais e caso ocorra um sinistro, a primeira poderá ser responsabilizada, até mesmo por culpa in eligendo, restando-lhe, contudo, eventual direito de regresso contra o médico coordenador, na hipótese de ficar evidenciada a negligência, imperícia, imprudência ou mesmo, um dolo (negativo, positivo ou eventual).

DA RESPONSABILIDADE CIVIL

Toda a atividade humana deve ser responsável.

Para alguns juristas, como Serpa Lopes[36], o vocábulo responsabilidade provém de "respondere", que quer dizer responder, no sentido de ofertar garantia, sendo mui interessante mencionar a definição de SOURDAT[37] que diz: "Responsabilidade é a obrigação de reparar o dano resultante de um ato de que se é autor direto ou indireto".

A responsabilidade civil, igualmente, consiste na obrigação do agente causador do dano reparar o prejuízo causado a outrem, por ato próprio ou de alguém que dele dependa.

No caso assume a vítima de um ato ilícito a posição de credora, podendo, então, exigir do autor determinada prestação, cujo conteúdo consiste na reparação dos danos causados.

Segundo MAZEAUD et MAZEAUD[38] a real distinção entre a responsabilidade penal e a responsabilidade civil está na diferença do direito penal e do direito civil. Na responsabilidade civil não importa se a pessoa obrigada à reparação de um prejuízo seja, ou não, moralmente responsável. "Aquele a quem sua consciência nada reprova pode ser declarado civilmente responsável".

Porém, não é esta a posição mais adotada na doutrina brasileira, pois tanto a responsabilidade civil quanto a responsabilidade penal possuem o mesmo fato gerador, ou seja, o ato ilícito, o comportamento humano.

É comum o desencadeamento das duas responsabilidades pela mesma conduta do agente. simultaneamente o

---

[36] Serpa Lopes (1962, p. 187)

[37] SOURDAT apud LOPES (1962, p. 187)

[38] MAZEAUD et MAZEAUD apud DIAS (1997, p. 7)

Estado aplica sanção penal e autoriza a vítima a postular a reparação dos danos sofridos. Os acidentes de trabalho são um exemplo de ato ilícito que gera a responsabilização previdenciária, penal e também a civil. Não se trata de instituto novo, pois desde as mais antigas codificações mesopotâmicas já havia previsão de reparação do dano.

O Código de Hamurabi punia o causador do dano com sofrimento igual.

A civilização helênica instituiu a reparação do dano, com sentido objetivo, ou seja, independentemente de violação das normas predeterminadas. Com o decorrer do tempo, foram sendo fixadas penas indenizatórias, de acordo com o dano causado. Já na Lei de Aquília surgiu um princípio geral de reparação de dano. Originou aí a expressão "culpa aquiliana", designando a responsabilidade extracontratual. O Direito Moderno segue, preponderantemente, a responsabilização em decorrência de culpa.

O Código Civil Italiano diz que todo o fato delituoso ou culposo, que ocasione a outrem um prejuízo injusto, obriga ao ressarcimento do dano.

O Código Civil Grego também se fixa na culpa, mas, em casos especiais, admite a responsabilidade objetiva e até cria a hipótese de culpa presumida, a exemplo de fato causado por animal doméstico.

No Direito Germânico, o princípio fundamental é o da culpa, sendo que em alguns casos exige o dolo.

O Direito Francês adota o princípio da culpa, desde o Código Napoleônico (1804), em que pese ter surgido, no Direito Francês, as primeiras idéias da teoria objetiva da responsabilidade.

No Brasil, a responsabilidade civil inicia-se com Teixeira de Freitas que desejava separá-la da responsabilidade criminal, passando a satisfação do dano causado a ter lugar próprio na legislação civil. Esta regra foi posta em nosso ordenamento no artigo 159 do Código Civil de 1916, consagrando a teoria da culpa.

Já o novo Código Civil (2002), consagra a teoria do risco e admite, juntamente com a responsabilidade subjetiva, a responsabilidade objetiva, conforme se pode perceber com a leitura dos seus artigos 186[39] e 927[40].

Na redação do artigo 159 do Código Civil de 1916[41] é possível identificar os elementos essenciais da responsabilidade civil:

- Ação ou omissão – comportamento humano;
- Culpa ou dolo do agente;
- Relação de causalidade entre a ação e o dano;
- Dano causado à vítima.

No novo Código, a presunção de culpa desaparece, pois a teoria da culpa cede espaço à teoria do risco, na qual não se perquire a culpa do agente, surgindo a responsabilidade civil somente pela ocorrência do dano a terceiros. O legislador tratou como responsabilidade objetiva, os casos de danos cometidos por atos de terceiros, conforme os artigos 932[42],

---

[39] Lei nº 10.406/2002, Artigo 186 – "Aquele que, por ação ou omissão voluntária, negligência ou imperícia, violar direito e causar dano a outrem, ainda que exclusivamente moral, comete ato ilícito".

[40] Lei nº 10.406/2002, Artigo 927 – "Aquele, que, por ato ilícito (art. 186 e 187), causar dano a outrem, fica obrigado a repara-lo."

[41] Art. 159 - Aquele que por ação ou omissão voluntária, negligência, ou imprudência, violar direito, ou causar prejuízo a outrem, fica obrigado a reparar o dano.

[42] Art. 932. São também responsáveis pela reparação civil:
I - os pais, pelos filhos menores que estiverem sob sua autoridade e em sua companhia;
II - o tutor e o curador, pelos pupilos e curatelados, que se acharem nas mesmas condições;
III - o empregador ou comitente, por seus empregados, serviçais e prepostos, no exercício do trabalho que lhes competir, ou em razão dele;
IV - os donos de hotéis, hospedarias, casas ou estabelecimentos onde se albergue por dinheiro, mesmo para fins de educação, pelos seus hóspedes, moradores e educandos;
V - os que gratuitamente houverem participado nos produtos do crime, até a concorrente quantia.

936[43], 937[44] e 938[45], interessando-nos, mais de perto, o texto contido no inciso III do art. 932, já que, o art. 933 determina que "As pessoas indicadas nos incisos I a V do artigo antecedente, *ainda que não haja culpa de sua parte*, responderão pelos atos praticados pelos terceiros ali referidos." (grifo nosso).

A obrigação de indenizar proveniente da culpa em sentido estrito impele o homem a conviver em sociedade de modo a respeitar os outros seres e seus patrimônios, não bastando agir com conduta lícita, sendo preciso o comportamento cauteloso de não causar dano a outrem.

De outro lado, a responsabilidade vista pelo ponto de vista objetivo, deixa de perquirir a culpa, pois admite a responsabilização do agente infrator pelo simples prejuízo que trouxe à vítima, ou seja, por imposição legal e ou pela teoria do risco.

Assim, a regra é que a responsabilidade seja subjetiva, dependendo do elemento culpa, proveniente da vontade do agente causador do dano. Quando a lei determinar ou quando a atividade praticada pelo autor do dano apresentar riscos, a responsabilidade torna-se objetiva.

Nesse sentido, estabelece o jurista Caio Mário da Silva Pereira[46] que:

> ... as pessoas jurídicas de direito privado, qualquer que seja a sua natureza e os seus fins, respondem pelos atos de seus dirigentes ou administradores, bem como

---

[43] Art. 936. O dono, ou detentor, do animal ressarcirá o dano por este causado, se não provar culpa da vítima ou força maior.

[44] Art. 937. O dono de edifício ou construção responde pelos danos que resultarem de sua ruína, se esta provier de falta de reparos, cuja necessidade fosse manifesta.

[45] Art. 938. Aquele que habitar prédio, ou parte dele, responde pelo dano proveniente das coisas que dele caírem ou forem lançadas em lugar indevido.

[46] Caio Mário da Silva Pereira 1998, p. 123

de seus empregados ou prepostos que, nessa qualidade, causem dano a outrem.

Agostinho Alvim,[47] examinando a responsabilidade civil, em face da Lei de Acidentes do Trabalho, nos diz que:

> A matéria acha-se, atualmente, disciplinada pelo Decreto – lei nº 7.036, de 20 de novembro de 1944, e Regulamento aprovado pelo Decreto nº 18.809, de 5 de junho de 1945.
>
> Em face daquele Decreto-lei, a responsabilidade do empregador tem caráter objetivo.
>
> Pelo art. 7º, o empregador só não responde em caso de dolo do acidentado, compreendida aqui a desobediência expressa às suas ordens.
>
> Quer dizer que o empregador responde, ainda no caso de culpa do acidentado e, portanto, ainda que não haja culpa nenhuma dele, empregador.
>
> Dispondo sobre a exclusão da responsabilidade, a lei fala, corretamente, em força maior (mesmo artigo, letra b).
>
> A expressão força maior é tomada, na doutrina moderna, no sentido de caso fortuito externo.
>
> Portanto, somente este exonera o patrão. Não o exonera o fato que se relaciona com a empresa. E, para evitar qualquer dúvida, a lei, no art. 5º, enumera muitas hipóteses de casos fortuitos, mas que não exoneram, porque não são alheios à empresa (letras "a" até "e").
>
> As hipóteses de desabamento, inundações, incêndios, contempladas na letra "e", podem ser consideradas como de fato interno, ou externo, conforme o caso.
>
> Se forem determinados ou agravados pelas instalações do estabelecimento, ou pela natureza do serviço, o empregador responde (art. 7º, letra b).
>
> Em caso contrário, serão considerados como fatos externos (força maior) e exoneram o empregador.
>
> A hipótese do raio varia.

[47] Agostinho Alvim, 1972, pág. 323

> Tem-se entendido que o empregador é mal precavido, se não faz colocar para-raio em seu estabelecimento. Mas, se a natureza do serviço obriga o empregado a trabalhar fora, no campo, verifica-se a não-responsabilidade do empregador, cabendo-lhe a escusa da força maior (art. 7º, letra b).
>
> Concluindo: em matéria de acidentes do trabalho, a responsabilidade do empregador prescinde do elemento culpa, e norteia-se pela teoria do risco.
>
> Risco, no sentido de prescindir da culpa e de estabelecer que o direito ao ressarcimento decorre do dano.
>
> Quer nos parecer, todavia, que o verdadeiro fundamento é o dever de assistência, instituto que apenas reponta nas legislações, não obstante o seu caráter humanitário e cristão. Pondere-se, aliás, que, em face da teoria do risco, a culpa da vítima exclui o seu direito à indenização, enquanto que o acidentado não perderá aquele direito, ainda que o fato se tenha dado por distração ou negligência de sua parte.

Desta forma, até mesmo com amparo na exposição didática feita pelo professor Arruda Alvim, é possível deduzir que, especialmente em tema acidentário, as pessoas jurídicas de direito privado possuem responsabilidade objetiva, sem que haja preocupação com a culpa, apenas interessando, para sua responsabilização, o dano sofrido pela vítima.

Com tal ótica, podemos também chegar à conclusão que a responsabilidade civil das pessoas jurídicas em caso de acidente de trabalho não se modificou com o passar do tempo, apenas evoluiu no campo da responsabilidade objetiva, onde se deixou de indagar sobre a culpa do agente causador do dano, permitindo-se, de outro lado, ação regressiva da pessoa jurídica contra seu empregado ou funcionário responsável pelo infortúnio.

O DANO

Fazendo uso das palavras de Planiol, patrimônio não significa riqueza. Nele se computam obrigações e todos os bens de ordem material e moral, entre estes o direito à vida, à honra, à liberdade e à boa fama.

O dano, em linhas gerais, é o prejuízo causado a outrem, por um ato ilícito ou seja, por ação ou omissão contrária ao direito. Entretanto, como vimos, é possível existir dano sem que haja um ato ilícito, o que nos leva a concluir que, ao menos com foco no acidente do trabalho, o dano, na verdade, é a lesão a um bem jurídico, devendo ser tratado em sentido amplo, ilimitado e irrestrito.

O dano é pressuposto necessário ao conceito de responsabilidade civil. Sem o dano, não há a obrigação de reparar, pois se perde a razão de restabelecimento do *status quo*.

Mesmo que haja violação de um dever jurídico e que tenha existido culpa e até mesmo dolo por parte do infrator, nenhuma indenização será devida, se não houver se verificado um dano, um prejuízo. É que uma indenização em benefício de alguém que nada sofreu, ou além do que tenha sofrido, importaria em um enriquecimento sem causa.

O dano pode ser patrimonial, quando afetar o patrimônio econômico da vítima e pode ser extrapatrimonial, o chamado dano moral, no qual o prejuízo atinge apenas o psicológico da vítima e ou viola direitos da personalidade.

Desta forma, o dano patrimonial é a afetação dos bens de uma pessoa, que lhe são economicamente úteis, o que, por conseguinte, lhe ocasiona perdas materiais, a exemplo da privação do uso da coisa, dos estragos nela causados, da incapacitação para o trabalho, entre outras.

O acidente do trabalho, além de redundar em dano ao corpo do operário vitimado e ao seu patrimônio moral pode atingir, simultaneamente, a esfera patrimonial da vítima e de seus beneficiários, visto que dependem economicamente do trabalho executado pelo corpo agredido para viver.

Da mesma forma, as doenças psíquicas ou neurológicas se relacionadas ao trabalho, equiparam-se a acidentes do trabalho e podem atingir tanto os bens patrimoniais quanto os morais, devendo, portanto, ser indenizadas. Por exemplo, se o trabalhador devido às agressões físicas ou psíquicas (atividades de risco, extenuantes, etc.) sofridas no ambiente laboral, desenvolve alguma fobia, ou algum outro distúrbio mental, que o incapacita, parcial ou totalmente, para o exercício de sua profissão ou de qualquer outro trabalho, deverá ser indenizado.

A seu turno, se tais moléstias ceifaram a sua vida, presume-se que houve prejuízo de cunho moral para seus familiares, visto que os sentimentos afetivos são bens de valor inestimável. O dano moral decorre da dor, em especial da dor psicológica, e é impossível de ser reparado integralmente.

Elevadas indenizações, seria enriquecimento ilícito e vexatório, na opinião da Justiça brasileira que luta por não incentivar a chamada indústria do dano moral, mas que, com isso, além de não indenizar, além de não reparar minimamente o dano causado, ainda impinge ofensa e humilhação à vítima que vê a sua honra, a sua dor, analisada como supérflua e avaliada irrisoriamente.

É certo que o dano moral não corresponde à dor em si, mas aos efeitos do sofrimento. É certo que o dano moral, o dano extrapatrimonial, o dano-não material, abrange, entre outros aspectos ou bens jurídicos da pessoa humana, a intimidade, a vida privada, a honra e a imagem, pelo que, sua fixação, em especial no campo acidentário, deve ser pensada e repensada, a fim de se fugir, efetivamente, de uma fixação com vistas tão somente nas perdas corporais, ofuscando a necessária, imprescritível e imprescindível indenização da dor psicológica.

O dano moral, em sua acepção ampla, é a lesão de interesses não patrimoniais do ofendido. É ofensa aos direitos personalíssimos: os sentimentos afetivos, a própria imagem, a intimidade e o decoro, o bom nome, a privacidade, a integridade física e psíquica, a honra, a vida, a dignidade da pessoa humana, a liberdade, a capacidade, e outros mais cuja ofensa cause angústia, aflição, dor, aviltamento, vexame, etc.

A maior dificuldade, hoje, está no preconceito arraigado nas mentes dos operadores do direito brasileiro, no sentido de que a indenização deve ser focada somente na reparação, esquecendo que, no dano não-material, quase nunca existe o prejuízo econômico, fato que dificulta – e esse é outro problema a ser solucionado, qual seja, a quebra da resistência brasileira a se enfrentar dificuldades, por mínimas que sejam – a sua avaliação numérica.

> É preciso pensar que, no dano não material, a indenização não irá reparar, restituir o valor perdido: os valores imateriais são irrestituíveis. Assim, o caminho está em vislumbrar função compensatória nas indenizações de danos imateriais[48].

Como bem afirma Maria Helena Diniz[49], não se dá preço à dor, aos sentimentos... Razão porque "a reparação pecuniária teria, no dano moral, uma função satisfatória ou compensatória".

A vida humana, indiscutivelmente, é bem de natureza não patrimonial. É um direito da personalidade amparada como bem maior pela ordem jurídica. É interessante salientar que, não raro, as causas de um dano são múltiplas, o que

[48] Sady

[49] Maria Helena Diniz, 2004.

dificulta a definição do agente responsável pela sua compensação. Pode haver causas concorrentes provenientes da vítima e do agente. Também existem as concausas: preexistentes, concomitantes ou supervenientes ao evento danoso, que podem ser absoluta ou relativamente independentes em relação à conduta do agente.

A esse respeito, oportuno debruçar sobre o descortínio de Limongi França[50]:

> "Da impossibilidade da equipolência entre qualquer espécie de dano, inclusive o material, resulta a falta de caminhos exatos para o que tange ao dano extrapatrimonial. Tal circunstância, porém, não é de molde a gerar perplexidade, pois o cotidiano jurídico é todo inçado de standards que só podem ser resolvidos "hic et nunc". O importante é, a par do princípio da reparabilidade, admitir ao da indenizabilidade, para que, como assinalam os autores, não fique a lesão moral sem recomposição, nem impune aquele que por ela é responsável, fatores, ambos, que seriam de perpetuação de desequilíbrios sócio-jurídicos."

Se for a conduta do empregador a causa, ele ou o seguro social responderá pela indenização, conforme o evento ocorrido. É o que se depreende da lei acidentária (Lei nº 8.213/91 art. 20, inc. II), cuja norma estabelece que se causas posteriores, relacionadas às condições inadequadas do meio ambiente laboral, desencadeiam ou agravam uma doença pré-existente, ainda que tais causas sejam relativamente independentes, elas têm o condão de impor à Previdência Social a obrigação de indenizar a vítima, e se a conduta do agente (preposto ou empregador) foi culposa este deverá reembolsar o Seguro Social.

Se um trabalhador, se torna apático, apresenta morbidez mental e ou padecimento íntimo, mui provavelmente

---

50 1998, pág. 139

sofreu humilhação, foi envergonhado ou sentiu-se fortemente constrangido

Para que se amenize esse estado de melancolia, de desânimo, há de se lhe proporcionar os meios adequados para a sua recuperação. A dor, a sensibilidade, por sua vez, é personalíssima, variando de pessoa a pessoa. Uns são mais fortes, outros mais frágeis ao sofrimento.

Há ofensores que agem com premeditação, usando de má-fé, unicamente para prejudicar, para arranhar a honra e a boa fama do ofendido, outros, omissos, com desdém, desatenção ou descaso. Dito isto, é importante ter-se em mente a questão da prova do dano, que, em tese, como regra geral, é ônus de quem alega.

Agostinho Alvim,[51] ao indagar se "*Deve o juiz ser rigoroso ao aquilatar a prova do dano*"? uma vez mais, irradia luzes sobre a matéria ao responder:

> Em matéria de prova do dano (como, aliás, em relação a qualquer fato), deve o juiz mostrar-se mais rigoroso quando ela for fácil e, menos rigoroso, quando difícil.
>
> O indivíduo, p. ex., que alega haver trabalhado numa casa comercial durante muito tempo, e vê o fato posto em dúvida, deverá produzir prova abundante, porque é facílimo provar um fato dessa natureza.
>
> Se, não obstante a facilidade, a prova é fraca, bem pode o juiz repelir o pedido.
>
> Pelo contrário, não deve o juiz mostrar-se muito exigente, quando o fato, por sua natureza, é difícil de ser provado: dolo, atentado ao pudor, etc.
>
> Aplicando estes princípios à prova do dano, podemos dizer que o juiz se deve mostrar rigoroso, na prova do dano emergente atual, pois quase sempre ela é fácil.
>
> Quando, porém, se trata de dano emergente potencial (prejuízo que se verificará, pelo desenrolar dos acontecimentos), o rigor deve ser menor.

[51] Agostinho Alvim, op.cit. p. 184 e sgts

(...)

Falando de um modo geral, sempre se reconheceu haver situações difíceis e provas quase impossíveis de ser produzidas com precisão, dada a natureza dos fatos e, por ventura a malícia dos interessados.

O juiz não deve ser excessivamente rigoroso, quando se lhe deparam tais casos.

A teoria do dano exige que se tenha em vista todas as circunstâncias que rodeiam o caso, não sendo possível traçar "a priori," regras fixas, que invariavelmente se ajustem a todas as hipóteses.

Há, todavia, certas circunstâncias que, por mui relevantes, devem ser consideradas especialmente.

Todas elas, em última análise, reduzem-se a uma questão de atribuição de responsabilidade.

Dessa forma, podemos inferir que:

- a responsabilidade civil é determinada pela reparabilidade do dano causado por ação ou omissão;
- a responsabilidade civil divide-se em subjetiva e objetiva. A primeira tem como seu principal elemento, a culpa, ou seja, o agente causador do dano é obrigado a repará-lo, apenas quando for o culpado pela conduta lesiva. Já a segunda teoria, que vem sendo inserida nas legislações mais atuais, prima pelo risco, ou seja, aquele que com sua conduta, ativa ou omissiva, assumiu o risco de produzir um dano, é responsável;
- a responsabilidade civil subjetiva, exige ação ou omissão, culpa ou dolo, dano e nexo causal entre a conduta lesiva e a lesão. A responsabilidade objetiva, por sua vez, não se preocupa com a culpa, e sim com a reparação do dano causado;
- a responsabilidade pelo acidente de trabalho é do tipo objetiva, devendo, pois, haver reparação dos danos ocasionados, mesmo que para tanto seja necessária a desconsideração da personalidade jurídica.

DA REPARAÇÃO JUDICIAL DOS DANOS DECORRENTES DO ACIDENTE DE TRABALHO

Apesar de possuir uma das legislações mais modernas do mundo, o Brasil é recordista mundial em acidentes de trabalho.

Já vimos também que, na prática, o empregador trata o trabalho, a prestação de serviços, o trabalhador, como coisa a ser adquirida pelo capital e ou como parte integrante do capital.

Dessa forma, não seria errado concluir que o problema não é legislativo e ou normativo, mas, sim, decorrente da cultura empresarial brasileira que ainda resiste em investir na prevenção de acidentes, considerando-a não como investimento, mas como despesa.

Quando se fala em acidente de trabalho objetiva-se, na verdade, o acidente-tipo, as doenças ocupacionais e os acidentes por equiparação legal.

Caracterizado o acidente de trabalho, surge, em um primeiro momento, o benefício previdenciário, sem prejuízo de eventual indenização civil ou responsabilização pela prática de crime contra a saúde do trabalhador.

Tratamos, no presente estudo, da caracterização do suicídio como acidente de trabalho, pelo que, interessa-nos, mais de perto, a indenização pela morte daquele que executa seu ofício, a qual se encontra prevista no art. 948 do Código Civil brasileiro:

> "No caso de homicídio, a indenização consiste, sem excluir outras reparações:

I – no pagamento das despesas com o tratamento da vítima, seu funeral e o luto da família;

II – na prestação de alimentos às pessoas a quem o morto os devia, levando-se em conta a duração provável da vida da vítima.

Acredita-se ser importante ressaltar que o Código, ao contrário do que fazia o diploma substantivo civilista de 1916, traz insculpido nesse artigo o Princípio da Reparação Integral, pois além de prever a indenização pelo dano emergente (inciso I) e pelo lucro cessante (inciso II), ainda não exclui e expressamente se refere a outras reparações, como, por exemplo, a decorrente do dano moral.

Os danos previstos no inciso I, não apresentam maior dificuldade, por serem documentalmente comprovados.

Quanto aos lucros cessantes (inciso II) é oportuno deitarmos um pouco mais de atenção, pois ainda sem falar em dano moral e ou em outras reparações, temos a prestação de pensão alimentícia; a duração da vida da vítima e os dependentes do de cujos.

No que se refere ao pagamento de uma pensão alimentícia é digno de apreço o fato de que não está adstrita ao binômio necessidade – possibilidade. A prestação desse tipo de alimentos – que na verdade é indenização decorrente de ato ilícito - leva em consideração tão somente a renda da pessoa que sucumbiu à desgraça ou que sofreu o infortúnio, ou seja, leva em consideração a última remuneração auferida quando do evento acidentário que causou o óbito.

Nesta vereda as contraprestações devem ser reajustadas com base nos reajustes da categoria profissional, além de incluir o 13º. salário e benefícios.

No que pertence à duração provável da vida da vítima, a intenção do legislador é fixar um termo, uma data final.

Nossos tribunais têm adotado a tabela de mortalidade editada pelo Instituto Brasileiro de Geografia e Estatística – IBGE, pois esta apresenta a expectativa de vida do brasileiro com base na mais atualizada metodologia e, portanto, de forma próxima da realidade.

No que concerne às pessoas a quem o morto devia prestar alimentos, é essencial termos em conta que não se trata, necessariamente, dos seus herdeiros civis, mas daqueles que lhe tenham uma dependência econômica no momento do infortúnio.

Tais pessoas, hoje admitindo-se inclusive os (as) companheiros (as) de união homoafetiva, geralmente encontram-se referidas como dependentes perante o INSS através de documento específico que deve ser preenchido quando da celebração do contrato de trabalho, sendo certo que essa não é a única forma de se aquilatar quem seriam os beneficiários da indenização.

Aludido foi que a indenização não se restringe ao dano material e ou ao dano emergente, visto que a lei cita a não exclusão de outras reparações.

Dentre as outras reparações, temos a que deflui do dano moral que, a partir do advento da Constituição Federal de 1988, pode ser cumulada com outros pedidos compensatórios.

Dano moral é todo aquele que viola o direito de personalidade (art. 5º. da CF), não sendo suscetível de apreciação pecuniária e que, por isso, deve ser arbitrado pelo juízo.

Não há como negar que a perda de um ente querido traz forte abalo emocional a seus parentes e amigos. Não há como negar que o suicídio, ainda mais quando decorre de culpa de terceiros, traz a presunção de violação ao direito de personalidade, traz a presunção de incomensurável dor psicológica, pelo que, salvo melhor juízo, não precisa ser provado, de onde, a demonstração de agravantes ou de atenuantes tem o condão de parametrizar o valor devido.

A jurisprudência pátria vem firmando entendimento no sentido de que a fixação do dano moral deve compensar a vítima sem, contudo, enriquecê-la indevidamente e, ao mesmo tempo deve prevenir/punir o ato ilícito levando em consideração, para tanto, a condição financeira do agente.

Nesse velejar, o Superior Tribunal de Justiça tem decidido que em caso de morte o valor justo da indenização por dano moral equivale a quinhentos salários mínimos, mas isso não é vinculante.

Pelo certo, adotando a melhor diretiva, adotando o melhor critério para aquilatar e arbitrar a reparação do dano moral, o julgador deve se utilizar do Princípio da Investidura Fática e se colocar no lugar da vítima, supondo que o acidente de trabalho que culminou com a ceifa de uma vida humana, ocorreu consigo ou com alguém muito próximo de si.

RESPONSABILIDADES DE NATUREZA PREVIDENCIÁRIA DO EMPREGADOR

A lei nº 8.213/91 também determina algumas das responsabilidades da empresa, pois, além de coagi-la a cumprir as normas de segurança e saúde do trabalho, prevê a possibilidade da Previdência Social aplicar multas pela violação das normas de higiene e segurança do trabalho, bem como de receber a indenização dos valores despendidos com o beneficiário acidentado, na hipótese de haver nexo de causalidade entre o acidente de trabalho e a culpa ou dolo da empresa, em razão, desta lei, definir a conduta ativa ou omissiva, como contravenção penal.

A lei nº 8.213/91 também define como dia do acidente oriundo das doenças ocupacionais (doença profissional ou do trabalho), a data do início da incapacidade laborativa para o exercício da atividade habitual, ou o dia da segregação compulsória, ou o dia em que for realizado o diagnóstico, valendo para este efeito o que ocorrer primeiro (art. 23).

Na ausência da emissão da CAT pela empresa, faculta ao próprio acidentado, aos seus dependentes, à entidade sindical competente, ao médico assistente ou qualquer autoridade pública, formalizar a comunicação sem determinação do prazo (art. 22, § 2º).

E, por fim, a lei previdenciária realça a independência das indenizações previdenciárias, da reparabilidade do direito comum ao determinar que "o pagamento, pela Previdência Social, das prestações por acidente do trabalho não exclui a responsabilidade civil da empresa ou de outrem" (art. 121).

É importante ressaltar que compete à Previdência Social, a responsabilidade objetiva de indenizar o trabalhador vítima de acidente do trabalho, independentemente da culpa do empregador, visto que se trata de um direito social do trabalhador, assegurado constitucionalmente.

Assim, o empregado acidentado, ainda que a sua empresa empregadora não tenha recolhido as contribuições devidas à Previdência Social, dependendo dos efeitos do acidente que o acometeu, terá direito de receber, sem que lhe seja exigido qualquer prazo de carência.

Os imensuráveis e estarrecedores casos de acidentes do trabalho, na sua grande maioria oriundos do descaso dos empregadores em manter um meio ambiente laboral salutar e outras vezes pelos riscos próprios da atividade econômica das suas empresas, afrontam não só a legislação previdenciária, como também o princípio constitucional da dignidade humana e da integridade física, psíquica e moral do trabalhador.

O acidente de trabalho é evento danoso tanto para a vítima quanto para seus dependentes e, em muitos casos, é irreparável, devido à extensão de seus efeitos. Mas se o direito à vida e à integridade física do trabalhador é violado pela ocorrência de sinistro relacionado ao meio ambiente laboral, até mesmo a morte, tal dano deverá ser reparado, ainda que tal indenização apenas mitigue o mal sofrido.

Por sua natureza social, a responsabilidade civil decorrente de acidente do trabalho funda-se em norma cogente de caráter público elevado à categoria constitucional e, portanto, não pode ser negado por ninguém do povo, quanto mais pela própria Previdência Social, o que nos leva, específica e relativamente ao presente tema, a acreditar ser necessário modificar a lei que, conforme veremos, quando se refere ao suicídio, beira a inconstitucionalidade.

A nossa Carta Magna assegura ao trabalhador, com base nos princípios da valorização do trabalho e da dignidade humana, o direito ao meio ambiente laboral salutar e entre outros direitos o "seguro contra acidentes de trabalho, a cargo do empregador, sem excluir a indenização a que este está obrigado, quando incorrer em dolo ou culpa" (CF/88. art. 7º, inc. XXVIII). E determina que a Previdência Social atenderá, em concorrência com o regime de seguro privado, a cobertura dos riscos de acidente do trabalho, inclusos eventos de doença, invalidez ou morte (CF/88, art. 201, inc. I e § 10).

Mas no que tange à morte oriunda de suicídio, desconsidera a possibilidade deste decorrer de acidente de trabalho e ou de doença profissional relegando não só o trabalhador como sua família à mingua.

INDUZIMENTO, INSTIGAÇÃO OU AUXÍLIO AO SUICÍDIO

Diz o artigo 122 do Código Penal Brasileiro:

Art. 122. Induzir ou instigar alguém a suicidar-se ou prestar-lhe auxílio para que o faça:

Pena-reclusão, de 2(dois) a 6(seis) anos, se o suicídio se consuma; ou reclusão, de 1(um) a 3(três anos, se da tentativa de suicídio resulta lesão corporal de natureza grave.

Parágrafo único. A pena é duplicada:

I- se o crime é cometido por motivo egoístico;

II- se a vítima é menor ou tem diminuída, por qualquer causa, a capacidade de resistência.

O suicídio, sob o aspecto formal, constitui um indiferente penal. Isto significa que a legislação não pune o fato como infração. Nem a tentativa de suicídio é apenada. Em face de medida de política criminal, entende-se que a tentativa de suicídio não pode ser submetida à imposição de sanção penal, uma vez que a punição exercida pelo Estado constituiria um acoroçoamento à repetição do tresloucado ato. A punição ao que tentou suicídio serviria de alento a novas tentativas, até chegar o sujeito à consumação do fato. A conduta, embora não constitua ilícito penal, é ato que contraria o ordenamento jurídico. É ato ilícito. Tanto que não constitui constrangimento ilegal a coação exercida para impedi-lo, nos termos do art. 146, §3º, II, do CP. Ora, se o legislador diz que não constitui constrangimento ilegal a conduta de impedir o suicídio, significa que é comportamento absolutamente legal o fato de não se permitir a alguém a conduta de tirar a própria vida. O constrangimento, nesse caso, é legal, pelo que se entende que a conduta do suicídio é ilegítima.[52]

---

[52] Damásio de Jesus, 1979

Ensina Cézar Roberto Bitencourt[53] que

> Não sendo criminalizada a ação de matar-se ou a sua tentativa, a participação nessa conduta atípica, consequentemente, tampouco poderia ser penalmente punível, uma vez que, segundo a teoria da acessoriedade limitada, adotada pelo ordenamento jurídico brasileiro, a punibilidade da participação em sentido estrito, que é uma atividade secundária, exige que a conduta principal seja típica e antijurídica. A despeito dessa correta orientação político-dogmática, as legislações modernas, considerando a importância fundamental da vida humana, passaram a prever uma figura "sui generis" de crime, quando alguém, de alguma forma, concorrer para a realização do suicídio. Nosso Código Penal, nessa mesma linha, adotou a seguinte formula: Art. 122. Induzir ou instigar alguém a suicidar-se ou prestar-lhe auxílio para que o faça:
>
> Pena-reclusão, de 2(dois) a 6(seis) anos, se o suicídio se consuma; ou reclusão, de 1(um) a 3(três anos, se da tentativa de suicídio resulta lesão corporal de natureza grave.
>
> Na verdade, os verbos nucleares do tipo penal descrito no art.122- induzir, instigar e auxiliar - assumem conotação completamente distinta daquela que têm quando se referem à participação em sentido estrito. Não se trata de participação - no sentido de atividade acessória, secundária, como ocorre no instituto da participação "stricto sensu," mas de atividade principal, nuclear típica, representando a conduta proibida lesiva direta do bem jurídico vida.

A participação em suicídio é um delito comum, podendo ser praticado por qualquer pessoa, incluindo-se, aí, em algumas hipóteses, a pessoa jurídica.

[53] BITENCOURT. 2008.

Todavia, o suicida deve ser pessoa capaz de entender o significado de sua ação. Estando incapacitada a esse entendimento, o delito de instigação, induzimento ou auxílio ao suicídio pode desaparecer, restando caracterizado, em seu lugar o de co-autoria em homicídio.

Para que se configure o delito de instigação, induzimento ou auxílio ao suicídio é necessário que as ações e ou omissões, sejam acessórias, ou seja, não se confundam com os atos executórios, a fim de, uma vez mais, não restar caracterizado o crime de homicídio.

Entendemos, apesar de imensa discussão doutrinária, que o delito do art. 122 do Código Penal brasileiro, pode ser praticado por ação ou por omissão. Discute-se na doutrina se ambas as formas podem ser praticadas mediante ação ou omissão, entendendo, alguns doutrinadores que na participação moral a conduta é comissiva, enquanto que na participação material poderá ser comissiva ou omissiva, ou seja, quando presente o dever jurídico do sujeito ativo de evitar o suicídio.

Nesse caminhar, perfeitamente possível é o dolo eventual.

De acordo com a teoria finalista da ação, o dolo é elemento subjetivo do tipo, integrando a conduta omissiva ou comissiva. O tipo doloso implica sempre no causar um resultado, mediante intenção de causá-lo. Esta vontade de obter o resultado é o dolo que, para o Código Penal pátrio, ocorre sempre que o sujeito desejar o resultado, ou quando o sujeito assumir o risco de produzi-lo.

Haverá dolo eventual sempre que o agente, embora não querendo diretamente a realização do tipo, o aceite como possível ou mesmo como provável, assumindo o risco da produção do resultado. Não se requer, entretanto, que "a previsão da causalidade ou da forma em que se produza o resultado seja detalhada" [54], é necessário somente que o resultado seja possível ou provável.

O agente não deseja o resultado, pois se assim ocorresse, não seria dolo eventual, e sim direto. Ele prevê que é possível causar aquele resultado, mas nada faz para evitá-lo ou mesmo prefere assumir o risco a desistir da ação.

Como bem elucidou AMÍLCAR GOMES[55], em monografia vencedora de concurso promovido pela Revista do Curso de Direito da UFRN, agir com dolo eventual significa:

> "(...) jogar com a sorte. Para aquele que se comporta com dolo eventual o acaso constitui a única garantia contra a materialização do sinistro; o agente tem consciência da sua capacidade para impedir o resultado, mas mesmo assim fica insensível ao que se apresentou diante da sua psique".

Infindáveis são os exemplos, mas chama-nos muito a atenção para o decorrente de um antigo caso concreto, ocorrido na década de 1950, onde o marido flagrou a esposa em infidelidade e ao invés de adotar medida drástica ou civilizadamente pedir a separação (na época desquite) e ou perdoar, preferiu, estando junto com a esposa, indagar a uma prostituta, na rua, quanto cobraria por um "programa".

Ciente do valor, à época de $$ 20, (vinte dinheiros), passou em todas as oportunidades possíveis e imagináveis que sua esposa lhe acompanhava, a apresentar, uma nota de 20 em uma pequena boceta de prata, chegando a mantê-la, durante as noites em que mantinham relacionamento sexual, sobra sua mesinha de cabeceira.

A esposa, entendendo que estava sendo, constantemente, comparada a uma prostituta, sem parentes e sem meios de prover a sua subsistência, extremamente humilhada,

[54] ZAFFARONI & PIERANGELI, 1997

[55] Amilcar Gomes. http://www.cabugi.com.br/jurisnet/AMILCAR.htm.

só viu duas saídas: efetivamente prostituir-se ou matar-se. Optou pela segunda alternativa e o marido, respondeu processo por homicídio, desclassificado, posteriormente, para instigação/induzimento ao suicídio.

Afigura-se-nos também possível, a responsabilização do empregador do suicida pela chamada culpa inconsciente, visto que na culpa inconsciente, o resultado, embora previsível, não é previsto pelo agente. São os casos de negligência, imperícia ou imprudência, em que não houve a previsão do resultado por descuido, desatenção ou desinteresse do agente.

Assim, a culpa inconsciente diz respeito às situações em que o agente deveria agir com previsibilidade e não o fez, ocasionando um resultado que ele não desejava e nem previu, quando deveria estar alerta, o que, salvo melhor juízo, se não se equipara, muito se assemelha ao dolo eventual.

OS SEGUROS E O SUÍCIDIO

Antonio Penteado Mendonça, em artigo intitulado "O suicídio no novo Código Civil" nos diz que: [56]

> "Ao longo das últimas décadas a questão do pagamento da indenização de seguro de vida em virtude de morte por suicídio foi pacificada pela jurisprudência brasileira. De acordo com a corrente francamente dominante a indenização é devida na cobertura de morte por qualquer causa.
>
> Assim, por conta deste entendimento, as seguradoras, deixaram de discutir se a indenização é devida ou não, limitando-se a pagar a importância segurada da apólice, mediante a apresentação da documentação pertinente.
>
> Onde as seguradoras têm resistido enfaticamente é nas indenizações decorrentes de suicídio na cobertura de acidentes pessoais, e têm feito isto respaldadas pelo próprio conceito que dá suporte à obrigação do pagamento da importância segurada da apólice nos casos de morte por qualquer causa. De acordo com esta teoria, a indenização por morte por suicídio é devida porque o segurado, no momento em que executa o ato de se matar, está fora de sua razão, afetado por problema mental, ou seja, por doença que o leva a atentar contra sua vida.
>
> Como o seguro de acidente pessoal tem cobertura especificamente destinada aos casos decorrentes de acidentes pessoais, entendendo-se como acidente pessoal o acidente gerado por causa externa, súbita, imprevista e independente da vontade do segurado, e a perda da razão, que leva o suicida a atentar contra a própria vida, é consequência de mal, súbito ou não, de caráter mental,

[56] Mendonça . http://www.tribunadodireito.com.br/2003/junho/junho_10.htm

portanto interno, que o priva do entendimento necessário para compreender a extensão do seu gesto desesperado, as seguradoras entendem, com boa base conceitual, que a indenização por suicídio no seguro de acidente pessoal não é devida, pelo menos de acordo com as disposições do Código Civil de 1916.

Mas a questão se complica a partir da entrada em vigor do novo Código Civil. Este diploma, em seu artigo 798, inova a respeito da matéria ao dispor que: "O beneficiário não tem direito ao capital estipulado quando o segurado se suicida nos primeiros dois anos de vigência inicial do contrato, ou da sua recondução depois de suspenso, observado o parágrafo único do artigo antecedente. Parágrafo único. Ressalvada a hipótese prevista neste artigo, é nula a cláusula contratual que exclui o pagamento do capital por suicídio do segurado."

E o parágrafo único do artigo antecedente, que é o artigo 797, determina que, "no seguro de vida", sendo lícita a determinação de um prazo de carência em que a seguradora não responde pela ocorrência do sinistro, ela deve devolver ao beneficiário o montante da reserva técnica constituída.

Ou seja, o artigo 798 do novo Código Civil determina um prazo expresso de dois anos durante o qual o beneficiário não tem direito à indenização no caso de morte por suicídio do segurado, o que é bom porque deixa o assunto absolutamente claro, evitando a discussão judicial de uma indenização que, por seu caráter eminentemente social, ainda mais numa circunstância terrível como esta, sendo devida, deve ser rapidamente paga.

Por outro lado, com uma visão ampla de defesa do consumidor, pode-se dizer que a instituição da carência é um retrocesso em relação à realidade atual? Não. É uma nova maneira de tratar um tema onde a regra atualmente adotada no Brasil não é a majoritariamente aceita nos outros países. Com esta disposição, o novo Código Civil aproxima a sistemática brasileira da acatada pela maioria dos países desenvolvidos, sem, todavia, privar o beneficiário da indenização do seguro de vida decorrente de suicídio do direito de recebê-la, após transcorrido um lapso de tempo certo e previsto na lei, quer dizer, indiscutível.

Com base nessas lições, podemos dizer que o seguro de pessoa, assim designado no novo Código Civil (não mais seguro de vida), tem como objeto a vida e as faculdades humanas.

O suicídio para efeito de seguro se divide em voluntário (aquele que é premeditado) e o involuntário (aquele em que o indivíduo é levado a o cometer por forças irresistíveis). A responsabilidade da seguradora está vinculada apenas nos casos de seguro involuntário, pois, no caso de seguro premeditado, ocorre a exclusão do risco, exonerando o segurador de ter que pagar a indenização.

Há o seguro de vida em grupo, que é um contrato feito por um estipulante, onde numa mesma apólice são garantidas várias pessoas, unidas entre si por interesses comuns e que mantenham relações definidas com o estipulante.

O contrato de seguro possui grande utilidade nos dia atuais, pois garante aos seus consumidores tranquilidade e segurança, eis que, ocorrendo o sinistro coberto pelo contrato de seguro, o prejuízo que teria o segurado será suportado pelo segurador, razão de diversos empregadores, estarem segurando seus empregados, inclusive contra a autolesão e ou autocídio.

DO SEGURO CONTRA ACIDENTES DE TRABALHO

Obedecendo ao ditame constitucional, a lei garante aos trabalhadores o seguro por riscos de acidente do trabalho, *custeado pelo empregador*. O financiamento de tal seguro é construído através de tributo[57], sob a forma de contribuição social, em percentuais progressivos conforme o nível de risco (leve, médio ou grave) da atividade preponderante da empresa (artigo 22, II da Lei n° 8.212/91).

A Doutrina é consolidada a este respeito. Por exemplo, veja-se MACHADO (1997):

> "Diante da vigente Constituição social, pode-se conceituar a contribuição social como espécie de tributo com finalidade constitucionalmente definida, a saber, intervenção no domínio econômico, interesse das categorias profissionais ou econômicas e seguridade social. É induvidoso, hoje a natureza tributária destas contribuições...."

Além do acidente do trabalho, o seguro cobre, também, a doença profissional, assim entendida a produzida ou desencadeada pelo exercício do trabalho peculiar a determinada atividade e constante da relação elaborada pelo Ministério do Trabalho e da Previdência Social e a doença do trabalho, assim entendida a adquirida ou desencadeada em função de condições especiais em que o trabalho é realizado e com ele se relacione diretamente.

---

[57] MACHADO Hugo de Brito, 1997, pág. 313.

Equiparam-se, também, ao acidente do trabalho (artigo 21 da Lei n 8.213 de 24 de julho de 1991): aquele "ligado ao trabalho que, embora não tenha sido a causa única, haja contribuído diretamente para a morte do segurado, para redução ou perda da sua capacidade para o trabalho, ou produzido lesão que exija atenção médica para a sua recuperação; o acidente sofrido no local e no horário do trabalho em consequência de: ato de agressão, sabotagem ou terrorismo praticado por terceiros ou companheiros de trabalho: ofensa física intencional inclusive de terceiro, por motivo de disputa relacionada ao trabalho; ato de imprudência, de negligência ou de imperícia de terceiros ou de companheiro de trabalho; ato de pessoa privada do uso da razão; desabamento, inundações, incêndio e outros casos fortuitos ou decorrentes de força maior; a doença proveniente de contaminação acidental do empregado no exercício de sua atividade; o acidente sofrido pelo segurado, ainda que fora do local e horário de trabalho: na execução de ordem ou na realização de serviço sob a autoridade da empresa; na prestacão espontânea de qualquer serviço à empresa para lhe evitar prejuízo ou proporcionar proveito; em viagem a serviço da empresa, inclusive para estudo quando financiada por estar dentro de seus planos para melhor capacitação da mão-de-obra independentemente do meio de locomoção utilizado, inclusive veículo de propriedade do segurado; no percurso da residência para o local de trabalho ou deste para aquela, qualquer que seja o meio de locomoção, inclusive veículo de propriedade do segurado; nos períodos destinados a refeição ou descanso, ou por ocasião da satisfação de outras necessidades fisiológicas, no local do trabalho ou durante este".

Assim, o Estado arrecada tributo para custear as despesas decorrentes dos sinistros, independentemente do empregador ter ou não contribuído para o dano. No entanto, de acordo com o art. 7º., XXVIII da CF/88 tais pagamentos não excluem a indenização a que o empregador está obrigado, quando incorrer em dolo ou culpa.

O seguro contra acidente de trabalho é, pois, o seguro que indeniza o próprio trabalhador quando este se fere, adoece, se torna deficiente, ou a sua família, quando vem a falecer durante o trabalho ou no trajeto da casa ao trabalho e ou vice-versa.

Os acidentes pelos quais os trabalhadores terão direito aos benefícios se dividem basicamente em dois: acidente durante o trabalho e acidente no trajeto de ida ou retorno do trabalho.

Normalmente, não são considerados acidentes de trabalho, para esse tipo de seguro, o suicídio e a autolesão.

O seguro de Acidentes de Trabalho, em sua maioria, inclui as seguintes coberturas:

1) Coberturas Ilimitadas:

- Assistência Médica e Cirúrgica
- Assistência Farmacêutica
- Enfermagem
- Hospitalização e Tratamentos Termais
- Hospedagem
- Transporte (para tratamentos e atos judiciais)
- Aparelhos de Prótese e Ortótese
- Reabilitação Funcional

2) Indenizações ou Pensões

- Indenização por Incapacidade Temporária
- Indenização por Incapacidade Permanente
- Pensões aos familiares por morte do segurado

3) Prestações em Dinheiro	Limites SMN=SalárioMínimo Nacional
Em caso de morte	
• Subsídio aos familiares por morte	12 × SMN
• Despesas de funeral sem trasladação	4 × SMN
• Despesas de funeral com trasladação	8 × SMN
Em caso de Incapacidade Permanente (grau > = 70%)	12 × SMN
Em caso de Incapacidade Permanente Absoluta	
• Despesas com readaptação da habitação	12 × SMN
• Ajuda de 3ª pessoa (pensão anual vitalícia)	12 × SMN

Oportuno é referirmos que houve uma significativa alteração no Seguro Acidente do Trabalho (SAT), gerido pela Previdência Social, com a entrada em vigor, em janeiro de 2010, do Fator Acidentário de Prevenção (FAP).

Com isso, cada empresa pagará sua alíquota não apenas segundo o risco do setor, como hoje, mas também conforme seu histórico de acidentes e doenças do trabalho, verificado em dois anos consecutivos, o que fará com que aplicação das alíquotas destinadas ao SAT continuem utilizando o mesmo princípio, ou seja, o de risco baixo, médio ou alto.

A mudança torna-se importante, tanto para trabalhadores como para empresários, pois, pela primeira vez, haverá distinção entre as empresas que efetivamente investem na prevenção de acidentes daquelas que relevam esta causa.

Anualmente será apurada a alíquota de quase um milhão de empresas, reduzindo a contribuição para o SAT de quem preveniu e aumentando-a para quem acidentou mais do que a média do seu setor.

Periodicamente serão revistos os riscos setoriais para realização dos ajustes necessários, levando-nos ao binômio de que, prevenir hoje significa diminuir o grau de risco do setor, fazendo com que haja redução na contribuição financeira da empresa no futuro.

O objetivo da Previdência Social é incentivar a prevenção de acidentes pelos empregadores. Trata-se de um princípio já aplicado na política ambiental, onde "o poluidor paga". Quem não cria um ambiente apropriado à saúde e segurança do trabalho, responsabilidade do empregador, deve ter um ônus compatível com as consequências, pois, não é justo repassar a grave conta dos acidentes de trabalho para a sociedade.

Sem falar na dor de quem fica inválido, temporária ou permanentemente, ou na dor dos familiares quando um ente querido não volta do trabalho para casa!

O novo FAP foi baseado em metodologia elaborada e aprovada pelo Conselho Nacional de Previdência Social (CNPS), conforme a Lei nº 10.666, de 2003. Trabalhadores e empresários, com assento no conselho, participaram de todo processo e aprovaram, por unanimidade, as resoluções 1.308 e 1.309, deste ano, que respaldam o FAP.

Como resultado, estima-se que já no ano de 2010, 950.000 empresas tiveram reduzidas suas taxas de contribuição como reconhecimento da Previdência, dado que seus índices encontram-se abaixo da média dos seus setores, ao tempo em que, 70.000 empresas, aproximadamente, tiveram ônus no pagamento do SAT, pois infelizmente nelas estão concentrados muitos acidentes, mensurados por frequência, gravidade e custo, com base em informações prestadas pelas próprias empresas.

As quase 3.000.000 de micro e pequenas empresas, optantes do Simples Nacional, continuarão isentas conforme a legislação em vigor.

O ASSÉDIO MORAL

Assédio moral, terror psicológico ou assédio psicológico, dentre outras, é a denominação que se dá a determinados tipos de conduta em que uma pessoa ou um grupo de pessoas atua com o objetivo de degradar, de ridicularizar outrem.

Marie-France Hirigoyen[58] esclarece que os primeiros estudos sobre esse fenômeno foram apresentados pelo psiquiatra alemão Heinz Leymann em 1984.

Mobbing, ou terror psicológico no âmbito do trabalho, segundo sua concepção, consiste na comunicação hostil e sem ética, dirigida de maneira sistemática por um ou vários indivíduos contra outro, que é levado a uma posição de inferioridade e desqualificação.

A comunicação hostil e antiética abrange insultos diretos, insinuações, comentários mal intencionados, desprezo, negação, ameaças veladas ou expressas, esvaziamento de função, ordens contraditórias ou para execução de trabalho humilhante, até assédio sexual com gestos ou proposições.

Trata-se, portanto, de conduta que submete a vítima à exposição continuada a situações de estresse, vergonha, constrangimento, humilhação, discriminação e medo, configurando, assim, uma violação à dignidade humana.

O termo chegou a ser utilizado para todo e qualquer sofrimento continuado no trabalho, mas estudos recentes se propõem a diferenciá-lo de outros fenômenos também graves, porém com características específicas, identificando os males que acometem os trabalhadores na atualidade como o

[58] Mal estar no trabalho – redefinindo o assédio moral, 2006

estresse, o conflito aberto, a gestão por injúria, as agressões pontuais, as violências decorrentes de incivilidade de clientes, as más condições de trabalho, as imposições profissionais e os métodos inadequados de motivação.

Define o Assédio Moral como qualquer conduta abusiva (gesto, palavra, comportamento, atitude, etc.) que atente, por sua repetição ou sistematização, contra a dignidade ou integridade psíquica ou física de uma pessoa, ameaçando seu emprego, ou degradando o clima de trabalho.

Assédio moral é uma violência subreptícia, não assinalável, mas que, no entanto, é muito destrutiva. Cada ataque tomado de forma isolada não é verdadeiramente grave, o efeito cumulativo dos microtraumatismos frequentes e repetidos é que constitui a agressão.

O fenômeno é global, mas agrava-se aqui pelo espírito alegre e jocoso do povo brasileiro.

O fenômeno preocupa também pelo seu custo direto e indireto, assim como pelos danos que causa à saúde mental e psíquica da vítima.

É fato que estudiosos, cientistas, legisladores e juristas preocupam-se na identificação do perfil do assediador, o que é muito difícil ou praticamente impossível em razão da possibilidade do assédio moral poder ser praticado por pessoas que fogem aos parâmetros identificados.

Desta forma, criaturas humanas despreparadas para o exercício de uma chefia ou para o mundo moderno do labor produtivo correm sério risco de adotar postura ou comportamento configuradores do assédio moral.

A vítima de terror psicológico, quase sempre suporta o assédio por longo período de tempo. Chega a dar a impressão de que não liga para a coisa, de que não liga para nada, de que é irresponsável ou mesmo que é negligente.

Entretanto, as pesquisas comprovam que se trata de trabalhador com senso de responsabilidade quase patológico, bem educado, de boa fé, posto que acredita nos outros e no que fazem. Portanto, trata-se do bom trabalhador, da boa pessoa, o que faz todo sentido, pois aquele que é negligente e desavergonhado não se abala com eventuais críticas de um chefe perverso, na medida em que não valoriza, como aquele excessivamente responsável, o seu trabalho.[59]

Deflui daí que o assédio moral é ilícito que não está vinculado à verticalidade, a exemplo do que ocorre com o assédio sexual onde o agente tem que ser superior hierárquico da vítima, podendo ocorrer entre colegas, entre chefe e subordinado e mesmo partindo de subordinado contra seu chefe.

O assédio moral fere a dignidade humana. Caracteriza-se, como relatado, por atitudes de desrespeito, de ausência de solidariedade e de ausência de cooperação que atingem o âmago da vítima com consequências que podem ir de um transtorno mental a graves doenças físicas ou psíquicas.

Poder-se-ia concluir, ante o supra exposto, que o assédio moral seria sempre decorrente de uma atitude premeditada, o que não é verdade, pois na maioria das vezes o agressor não tem consciência de sua conduta e acredita que a estratégia que adota é a mais correta.

---

59 Marcia Novaes Guedes, 2004. P.63

O SUICÍDIO COMO ACIDENTE DE TRABALHO

Até há pouco tempo, não se atentava para o fato de que o estado de saúde de uma pessoa depende tanto da saúde física como da psíquica.

De outra parte, nenhuma lei obrigava considerar a perda da saúde psíquica do trabalhador como uma enfermidade comum. Em realidade, tanto o legislador como os tribunais vinculavam os acidentes de trabalho unicamente aos casos de perda de saúde física.

Entretanto, as estatísticas demonstram a importância dos riscos psicológicos como geradores de enfermidades profissionais e de acidentes de trabalho.

Passo a passo, o que se denominava genericamente como "stress" laboral agora já se identifica como uma variada gama de patologias, sendo certo que as mais significativas estão relacionados como o assédio moral, com a violência psíquica no trabalho.

> Assédio é o termo utilizado para designar toda conduta que cause constrangimento psicológico à pessoa.
>
> Como visto, o assédio moral ou manipulação perversa/terrorismo psicológico caracteriza-se por atentar contra a dignidade de forma repetitiva e prolongada, expondo o trabalhador a situações humilhantes e constrangedoras, capazes de causar ofensa à sua personalidade, à sua dignidade ou à sua integridade psíquica.
>
> A questão do assédio moral coletivo somente começou a ser discutida no meio jurídico brasileiro, após a introdução dos conceitos de interesse difuso, coletivo e individual homogêneo, através da Lei da Ação Civil Pública e do Código de Defesa do Consumidor.

> Os interesses difusos são aqueles que possuem como titulares pessoas indeterminadas e ligadas por circunstâncias de fato. Os interesses coletivos são aqueles cujos titulares constituem um grupo, uma categoria ou uma classe de pessoas ligadas entre si.
>
> Percebe-se que a prática de assédio moral de forma coletiva tem ocorrido em várias ocasiões, principalmente nos casos envolvendo política motivacional de vendas ou de produção, nas quais os empregados que não atingem as metas determinadas são submetidos as mais diversas situações humilhantes.

Assim, o assédio moral coletivo constitui uma das principais causas de prejuízo ao meio ambiente do trabalho, e, consequentemente, à saúde dos trabalhadores, pelo que, de acordo com a Organização Mundial de Saúde, o crescimento das doenças psicológicas no ambiente de trabalho será uma das principais características do próximo século. Milhares de trabalhadores serão afastados de seus postos de trabalho em virtude do impacto do estresse no ambiente de trabalho.

> O assédio moral no trabalho é uma prática que remonta aos tempos mais longínquos, tendo sido encarado, por muito tempo, como mero conflito natural. Contudo, certo é afirmar que a sua prática e seus malefícios ao ser humano têm incitado o ordenamento jurídico a encontrar aparato legal capaz de erradicá-lo. No Brasil, há de se reconhecer expressivo esforço dos tribunais no sentido de compreender essa forma de violência e de promover a prestação jurisdicional sob o enfoque de preceitos já consagrados no âmbito do Direito Constitucional, Direito Civil e Direito do Trabalho. Comporta a reparação civil em razão dos gravames suportados pelo obreiro tanto na esfera moral, quanto material, sendo visto sob o enfoque da infortunística laboral como motivo para a caracterização da despedida indireta.

No início são somente brincadeiras de mau gosto, nada que não possa ser contornado com um cordial sorriso.

Seguem-se as ironias e a hostilidade vai ficando mais habitual e intensa. Então, a vítima percebe que algo não vai bem e passa a questionar-se: "mas o que foi que eu fiz?".

Mesmo assim, ela prefere dar tempo ao tempo, na esperança por momentos melhores, pois, passa por sua mente que tudo não é mais que um grande mal entendido e que, com os dias, tudo voltará à normalidade.

Entretanto, o trabalho se torna um verdadeiro martírio e surgem os primeiros sinais da degradação do espírito na forma de perturbações sobre o corpo e a mente. Não raro, a vítima passa a preferir a morte a ter de ir trabalhar.

Esse comportamento, que deve ser coibido, ocorre não só entre chefes e subordinados, mas também entre subordinados e chefes e entre colegas de trabalho.

Por assédio moral, HIRIGOYEN[60] entende ser toda e qualquer conduta abusiva manifestando-se, sobretudo por comportamentos, palavras, atos, gestos, escritos que possam trazer dano à personalidade, à dignidade ou à integridade física ou psíquica de uma pessoa, por em perigo seu emprego ou degradar o ambiente de trabalho.

O assédio moral deixa sequelas marcantes. A sensação de menosprezo e vergonha persiste, mesmo que a pessoa esteja afastada de seu agressor. Ela é refém de uma cicatriz psicológica que a torna frágil, medrosa e descrente de tudo e de todos.

O humilhador, por sua vez, fascina os que o cercam, em razão da ilusória superioridade que ele transmite. Para os espectadores, o assediador é astuto e a vítima, frouxa, covarde ou dotada de pouca esperteza.

---

60 HIRIGOYEN, 2003, pág 65.

Há que se reconhecer também que, constantemente, o espectador é enlevado pela prática perversa, agindo, na maior parte das vezes com omissão, especialmente nesses tempos modernos em que há um notório enfraquecimento dos laços de solidariedade entre os seres humanos.

HIRIGOYEN[61] também dá-nos a conhecer que uma forma atual de tolerância consiste em abster-se de intervir nas ações e opiniões de outras pessoas, mesmo quando essas ações ou opiniões nos pareçam desagradáveis ou até moralmente censuráveis. Temos igualmente uma indulgência espantosa com relação a mentiras e manipulações dos que estão no poder. [...] O contexto sociocultural atual tolera a perversão e com isso permite que ela se desenvolva. Nossa época recusa o estabelecimento de normas. Colocar um limite dando nome a uma manipulação perversa é visto como intenção de censura. Perdemos os limites morais e religiosos que constituíam uma espécie de código de civilidade e que poderiam levar-nos a exclamar: "Isso não se faz!" E não encontramos mais nossa capacidade de indignação, a não ser depois que os fatos aparecem na cena pública, registrados e ampliados pela mídia.

E é nesse panorama que a vítima sofre!

Entre diretores, empregados e executivos, em geral, é muito conhecido o mobbing estratégico. A frequência maior dessa espécie se verifica durante os processos de fusão e incorporação das organizações, nos quais a nova direção vai eliminando os velhos quadros, mas de modo a preservar os "segredos industriais". As estatísticas indicam uma incidência maior de suicídios entre os executivos assediados.

A seu turno, o assédio moral vertical descendente é muito utilizado contra os obreiros marcados pela infortunística laboral, pois, doentes, não mais oferecem as mesmas vantagens de outrora à organização.

---

[61] HIRIGOYEN, 2003, pág 12

Ainda, de acordo com HIRIGOYEN (2003, p. 66), o assédio nasce como algo inofensivo e propaga-se insidiosamente. Em um primeiro momento, as pessoas envolvidas não querem mostrar-se ofendidas e levam na brincadeira desavenças e maus-tratos. Em seguida esses ataques vão se multiplicando e a vítima é seguidamente acuada, posta em situação de inferioridade, submetida a manobras hostis e degradantes durante um período maior. Não se morre diretamente de todas essas agressões, mas perde-se uma parte de si mesmo. Volta-se para casa, a cada noite, exausto, humilhado, deprimido. E é difícil recuperar-se.

Segundo GUEDES,[62] Num primeiro momento, tem-se que o fenômeno efetivamente ainda não se instalou, pois, há somente um ambiente propício para que ele se desenvolva. Trata-se da condição zero.

A condição zero se caracteriza pela presença, no ambiente de trabalho, de condições favoráveis ao desenvolvimento do assédio moral e consiste em um clima particularmente desfavorável do mercado de trabalho, ou da ambição de alguns, ou da concorrência entre os trabalhadores.

Segue-se a fase um que se caracteriza pela individuação da vítima, ou seja, do sujeito contra o qual serão dirigidas as hostilidades, aquele que se tornará o bode expiatório para todos os problemas ["...]"

A seguir, passa-se ao embate confesso: "quando a vítima reage e tenta rebelar-se, a maldade latente dá lugar a uma hostilidade declarada". Trata-se, pois, da fase dois.

Na fase três surgem os primeiros sinais físicos e psíquicos desencadeados pelo psicoterror, manifestando-se nesse momento a insônia, os distúrbios digestivos e hormonais, as doenças dermatológicas, a hipertensão arterial e outras.

---

[62] GUEDES 2004, p. 56

O desenvolvimento dos distúrbios psicossomáticos é impressionante e grave, e de crescimento muito rápido. Acontece sob a forma de emagrecimentos intensos ou então rápidos aumentos de peso (quinze a vinte quilos em alguns meses), distúrbios digestivos (gastrites, colites, úlceras de estômago), distúrbios endocrinológicos (problemas de tireóide, menstruais), crises de hipertensão arterial incontroláveis, mesmo sob tratamento, indisposições, vertigens, doenças de pele, etc.

A vítima perde progressivamente a confiança em si, e por vezes fica tão confusa que pode chegar a dar razão a seu agressor: "Eu sou nula, eu não consigo, eu não estou à altura!"

Já na fase quatro, o que se vê é o afloramento do absenteísmo, da baixa produtividade, da redução na qualidade do serviço porque o trabalhador descobre que foi mero objeto de serventia e não se identifica mais com seu trabalho.

A fase quatro se caracteriza pela objetividade e publicidade do fenômeno, que se torna de domínio público e objeto de avaliação da administração de pessoal. A vítima se afasta com frequência por motivos de saúde, se desconcentra e erra na execução das tarefas mais simples, assim se tornando um "problema" para o departamento de pessoal.

A fase cinco, por sua vez, é caracterizada por ações disciplinares da empresa contra a vítima que apresenta uma piora no seu quadro clínico. Sofrendo de depressão, ela desenvolve uma absoluta falta de motivação ou entusiasmo.

Assim é que, chegando à fase seis, a vítima alcança o total esgotamento. "É nessa fase, que se realiza a exclusão da vítima do mundo do trabalho, seja por demissão 'voluntária', dispensa, afastamento para tratamento de saúde ou mesmo com o ato extremo do homicídio ou do suicídio".

No Brasil, o ordenamento jurídico desaprova a prática do assédio moral através de normas expostas na Constituição Federal, no Código Civil e na CLT.

No que cabe ao Código Civil e à Carta Maior, já houve referência em capítulos anteriores. Entretanto, não se pode deixar de comentar sobre a proteção contida na Consolidação das Leis do Trabalho insculpida em seu art. 483, "in verbis":

O empregado poderá considerar rescindido o contrato e pleitear a devida indenização quando:

a) forem exigidos serviços superiores às suas forças, defesos por lei, contrários aos bons costumes, ou alheios ao contrato;

b) for tratado pelo empregador ou por seus superiores hierárquicos com rigor excessivo;

c) correr perigo manifesto de mal considerável;

d) não cumprir o empregador as obrigações do contrato;

e) praticar o empregador ou seus prepostos, contra ele ou pessoas de sua família, ato lesivo da honra e boa fama;

f) o empregador ou seus prepostos ofenderem-no fisicamente, salvo em caso de legítima defesa, própria ou de outrem;

g) o empregador reduzir o seu trabalho, sendo este por peça ou tarefa, de forma a afetar sensivelmente a importância dos salários.

1º - O empregado poderá suspender a prestação dos serviços ou rescindir o contrato, quando tiver de desempenhar obrigações legais, incompatíveis com a continuação do serviço.

2º - No caso de morte do empregador constituído em empresa individual, é facultado ao empregado rescindir o contrato de trabalho.

3º - Nas hipóteses das letras "d" e "g", poderá o empregado pleitear a rescisão de seu contrato de trabalho e o pagamento das respectivas indenizações, permanecendo ou não no serviço até final decisão do processo.

Fala-nos, pois, a CLT, em rescisão indireta do contrato de trabalho, caracterizada por falta grave cometida pelo empregador.

Note-se que, nesse caso, as verbas oriundas do término do contrato de trabalho, em que pese a iniciativa de extinção ter partido do empregado, são de responsabilidade do empregador, eis que o obreiro não deu causa à sua dispensa.

Sem dúvida, o assédio praticado pelo empregador, ou mesmo a permissividade do assédio moral horizontal ou ascendente, além de caracterizar descumprimento de obrigação contratual, afeta a honra do empregado, autorizando-o a deixar o emprego em razão de justa causa praticada pelo empregador.

Nem se fale no perigo manifesto de mal considerável que o terror no trabalho ocasiona a ponto de levar o trabalhador às mais variadas doenças, à morte e até mesmo ao suicídio, pelo que, a proteção do art. 483 da CLT, apesar de elogiável, ainda é insuficiente para coibir a prática.

Há de se ressaltar que, tendo em vista o quadro de desventura suportado, a vítima poderá ser amparada pela infortunística laboral, de onde as doenças e suas consequências deverão ser entendidas como profissionais e ou acidentárias, podendo-se mencionar, dentre outras, na Espanha, a sentença de 18/5/2001 do Tribunal Superior de Justiça de Navarra, que conceituou o "mobbing" como sendo "uma forma de assédio no trabalho tendo como consequência a degradação do ambiente laboral".

Como visto, qualquer dos riscos psicossociais podem, lamentavelmente, resultar no suicídio do trabalhador, o que nos leva à questão se seria possível qualificar o suicídio como acidente do trabalho.

Um poderoso argumento em contrário é considerar a ruptura do nexo causal em virtude de um ato de autolesão que, como ato doloso, não poderia ser enquadrado como acidente.

Também é comum argumentar-se contra a qualificação do suicídio como acidente de trabalho mencionando a possibilidade de fraude, pois quem já estivesse decidido a suicidar-se o faria em local e horário de trabalho para favorecer os beneficiários da pensão por morte. Tal possibilidade dificulta, no caso do suicídio, a aplicação da presunção de que infortúnios ocorridos no local e horário de trabalho sejam acidentes de trabalho (artigo 115, inciso 3º. da Lei Geral de Seguridade Social).

Não é demais lembrar, que a má fé não se presume, assim como que vige, na legislação substantiva civil de 2002, o princípio da boa fé e a repulsa à reserva mental.

DA BOA FÉ E DA BOA FÉ OBJETIVA

O dever de guardar boa-fé nos negócios encontra suas raízes nos conceitos de fides e de bona fides do Direito Romano.

Os romanos entendiam a fides como promessa – "e promessa é dívida"- visto transmitir o empenho e o respeito à palavra dada.

A fides era, portanto, o ponto de partida para a confiança, que se manifestava de diversas formas, tais como a fides patroni (nas relações entre patronato e clientela, esta entendida como a classe intermediária entre os cidadãos inteiramente livres e os escravos) e a fides populi romani (na esfera das relações internacionais para fundamentar o poder político do Império Romano e no plano das relações internas como legitimação de poder e da força). [63]

A bona fides – que se desenvolveu a partir do conceito de fides - a seu turno, representava a ampla margem que era dada ao julgador para a decisão no caso concreto, o que permitia a ele condenar o demandado a fazer o que um homem honesto faria se estivesse em seu lugar.

Durante a Idade Média, o direito civil, fortemente influenciado pelo direito canônico, conferiu à boa-fé uma carga ética que se equiparava à ausência de pecado.

A boa-fé somente foi positivada em 1804 com o advento do Código de Napoleão, mas somente na segunda metade do século passado é que a boa-fé começou a ter maior aplicabilidade nos tribunais franceses, momento em que passou a ser exigida tanto do devedor na execução de suas obrigações contratuais como do credor no exercício de suas prerrogativas.

---

63 MARTINS, 2001, p. 33.

Na realidade, a boa-fé começou a se desenvolver de forma plena e a influenciar as demais codificações modernas a partir da entrada em vigor do Código Civil alemão (Burgerliches Gesetzbuch - BGB) em 1900.

Teresa Negreiros diz que "não é exagero afirmar que os contornos atuais da boa-fé objetiva no pensamento jurídico ocidental são resultado direto da doutrina e, principalmente, da jurisprudência alemãs. É comumente reconhecido que o desenvolvimento da cláusula geral da boa-fé constante do BGB pelo Poder Judiciário daquele país foi o principal responsável pela difusão do princípio em outros sistemas de direito codificado". [64]

Nesse contexto, uma das maiores contribuições do BGB foi a distinção entre a boa-fé subjetiva e a boa-fé objetiva.

Teresa Negreiros explica ainda que "a boa-fé objetiva consiste num dever de conduta contratual ativo, e não mais de um estado psíquico do agente. Com efeito, a boa-fé objetiva, como dever jurídico que é, obriga a uma certa conduta ao invés de outra, não se limitando a operar como uma justificativa para um determinado comportamento."

No Brasil, a primeira manifestação da boa-fé encontra-se no Código Comercial de 1850 que literalmente manifesta em seu art. 131:

Art. 131. "Sendo necessário interpretar as cláusulas do contrato, a interpretação, além das regras sobreditas, será regulada sobre as seguintes bases: 1. a inteligência simples e adequada, que for mais conforme à boa-fé, e ao verdadeiro espírito e natureza do contrato, deverá sempre prevalecer à rigorosa e restrita significação das palavras."

Entretanto, somente com o advento do Código de Defesa do Consumidor, é que a boa-fé objetiva foi consagrada no Brasil, obrigando que as partes se comportem com correção e lealdade.

---

[64] NEGREIROS, 1998, p. 48/49.

Contudo, é no Código Civil de 2002 que a boa-fé alcança efetividade no ordenamento jurídico pátrio, passando a viger como fonte de deveres autônomos sobre todos os contratos, sejam eles civis, trabalhistas ou comerciais.

A boa-fé objetiva encontra-se disciplinada nos artigos 113, 187 e 422 do Código Civil de 2002.

O art. 113 determina que "os negócios jurídicos devem ser interpretados conforme a boa-fé e os usos do lugar de sua celebração"; o art. 187, que diz que "também comete ato ilícito o titular de um direito que, ao exercê-lo, excede manifestamente os limites impostos pelo seu fim econômico ou social, pela boa-fé ou pelos bons costumes" e o art. 422 estabelece que "os contratantes são obrigados a guardar, assim na conclusão do contrato, como em sua execução, os princípios de probidade e boa-fé".

Extremamente elucidativo é o artigo do Professor Miguel Reale, publicado em seu site no ano de 2003, o qual peço vênia para transcrever por abranger e exaurir a matéria.

A BOA-FÉ NO CÓDIGO CIVIL

Miguel Reale

O constante valor dado à boa-fé constitui uma das mais relevantes diferenças entre o Código Civil de 1916 e o de 2.002, que o substituiu.

É que aquele se baseou no anteprojeto escrito por Clovis Bevilaqua, na última década do século 19, tendo esse insigne jurisconsulto se baseado, além de no Código de Napoleão e na legislação luso-brasileira anterior, nos ensinamentos da escola alemã dos pandectistas, entre os quais figuravam os elaboradores do Código Civil alemão, o BGB que entrou em vigor em 1900.

O pandectismo, assim denominado por seu apego às diretrizes do Direito Romano codificado pelo imperador Justiniano, se caracterizou pelo propósito de resolver as questões jurídicas de preferência mediante conceitos e categorias da própria Ciência do Direito.

É claro que nenhum jurista pode ser contrário à elaboração de "categorias jurídicas" destinadas à disciplina dos fatos sociais, atendendo às exigências da igualdade entre fatos da mesma espécie, mas o que é criticável é pretender que tal solução seja obtida tão somente graças a fórmulas de natureza jurídica, sem levar em conta os fins éticos e econômicos, por aqueles também reclamados.

O que aqui se critica é o exclusivismo jurídico dominante na visão positivista do Direito, que se contenta com princípios e regras de caráter empírico ou factual.

A vida do Direito não se reduz a uma sucessão de fatos desvinculados dos valores que lhes dão sentido e significado, de cuja correlação dialética emerge a regula "iuris".

Daí a orientação assumida pelos autores do Anteprojeto do Código Civil, sistematizado e publicado em 1972, o qual, devidamente revisto culminou no Projeto de 1975, enviado ao Congresso Nacional, nele já apresentada a eticidade, cuja raiz é a boa-fé, como um dos princípios diretores que o distinguem do individualismo do Código revogado de 1916.

O resultado da compreensão superadora da posição positivista foi a preferência dada às normas ou cláusulas abertas, ou seja, não subordinadas ao renitente propósito de um rigorismo jurídico cerrado, sem nada se deixar para a imaginação criadora dos advogados e juristas e a prudente, mas não menos instituidora, sentença dos juizes.

É a boa-fé o cerne em torno do qual girou a alteração de nossa Lei Civil, da qual destaco dois artigos complementares, o de nº 113, segundo o qual "os negócios jurídicos devem ser interpretados conforme a boa-fé e os usos do lugar de sua celebração", e o Art. 422 que determina: "os contratantes são obrigados a guardar, assim na conclusão do contrato, como em sua execução, os princípios de probidade e boa-fé".

Como se vê, a boa-fé não constitui um imperativo ético abstrato, mas sim uma norma que condiciona e legitima toda a experiência jurídica, desde a interpretação dos mandamentos legais e das cláusulas contratuais até as suas últimas consequências.

Daí a necessidade de ser ela analisada como "conditio sine qua non" da realização da justiça ao longo da aplicação dos dispositivos emanados das fontes do direito, legislativa, consuetudinária, jurisdicional e negocial.

Em primeiro lugar, importa registrar que a boa-fé apresenta dupla faceta, a objetiva e a subjetiva. Esta última - vigorante, v.g., em matéria de direitos reais e casamento putativo - corresponde, fundamentalmente, a uma atitude psicológica, isto é, uma decisão da vontade, denotando o convencimento individual da parte de obrar em conformidade com o direito. Já a boa-fé objetiva apresenta-se como uma exigência de lealdade, modelo objetivo de conduta, arquétipo social pelo qual impõe o poder-dever que cada pessoa ajuste a própria conduta a esse arquétipo, obrando como obraria uma pessoa honesta, proba e leal. Tal conduta impõe diretrizes ao agir no tráfico negocial, devendo-se ter em conta, como lembra Judith Martins Costa, "a consideração para com os interesses do alter, visto como membro do conjunto social que é juridicamente tutelado". Desse ponto de vista, podemos afirmar que a boa-fé objetiva se qualifica como normativa de comportamento leal. A conduta, segundo a boa-fé objetiva, é assim entendida como noção sinônima de "honestidade pública".

Concebida desse modo, a boa-fé exige que a conduta individual ou coletiva - quer em Juízo, quer fora dele - seja examinada no conjunto concreto das circunstâncias de cada caso.

Exige, outrossim, que a exegese das leis e dos contratos não seja feita in abstrato, mas sim in concreto. Isto é, em função de sua função social.

Com isto quero dizer que a adoção da boa-fé como condição matriz do comportamento humano, põe a exigência de uma "hermenêutica jurídica estrutural", a qual se distingue pelo exame da totalidade das normas pertinentes a determinada matéria.

Nada mais incompatível com a idéia de boa-fé do que a interpretação atômica das regras jurídicas, ou seja, destacadas de seu contexto. Com o advento, em suma, do pressuposto geral da boa-fé na estrutura do ordenamento jurídico, adquire maior força e alcance do antigo ensinamento de Portalis de que as disposições legais devem ser interpretadas umas pelas outras.

O que se impõe, em verdade, no Direito, é captar a realidade factual por inteiro, o que deve corresponder ao complexo normativo em vigor, tanto o estabelecido pelo legislador como o emergente do encontro das vontades dos contratantes.

É que está em jogo o princípio de confiança nos elaboradores das leis e das avenças, e de confiança no firme propósito de seus destinatários no sentido de adimplir, sem tergiversações e delongas, aquilo que foi promulgado ou pactuado.

Donde se conclui que quando o Art. 104 dispõe sobre a validade do negócio jurídico, referindo-se ao objeto lícito, neste está implícita a sua configuração conforme a boa-fé, devendo ser declarado ilícito todo ou parte do objeto que com ela conflite.

DA RESERVA MENTAL

A reserva mental é um instituto inserido na legislação pátria, através do Código Civil de 2002, em seu artigo. 110, dizendo-nos que:

> "Art. 110. A manifestação de vontade subsiste ainda que o seu autor haja feito a reserva mental de não querer o que manifestou, salvo se dela o destinatário tinha conhecimento."

O ponto de partida para o estudo da reserva mental encontra-se no conceito de negócio jurídico, que na óptica do jurista Antonio Junqueira de Azevedo[65], "é todo fato jurídico consistente em declaração de vontade, a que o ordenamento jurídico atribui os efeitos designados como queridos, respeitados os pressupostos de existência, validade e eficácia impostos pela norma jurídica que sobre ele incide."

Contudo, podem ocorrer divergências entre a manifestação de vontade e o verdadeiramente desejado, ou seja, podem ocorrer verdadeiros conflitos entre aquilo que o autor da declaração queria e o que efetivamente declarou.

Deste modo, o ordenamento jurídico brasileiro, procurou minimizar tais divergências e ou conflitos, regulando os vícios de consentimento (erro e dolo) e os vícios sociais (simulação e reserva mental).

A reserva mental, neste sentido, é a divergência intencional entre a vontade e a sua manifestação, com o intuito de enganar alguém, ou seja, aquilo que se declara, não é exatamente o que se deseja.

---

[65] Antonio Junqueira de Azevedo, 2002.

Nas palavras de Nelson Nery Júnior66, a reserva mental se caracteriza *"como sendo a emissão de uma declaração não querida em seu conteúdo, tampouco em seu resultado, tendo por único objeto enganar o declaratário."*

Portanto, a reserva mental é constituída de dois elementos, quais sejam: uma declaração não querida em seu conteúdo, em que há uma divergência intencional pelo declarante; e o propósito de enganar o declaratário ou terceiros, não devendo, outrossim, ser confundido com o propósito de prejudicar alguém.

Nery Junior esclarece ainda que, no tocante ao alcance da manifestação de vontade, *a reserva mental será absoluta se o declarante nada quis do que está declarado, nem de qualquer outro negócio jurídico; será relativa quando o declarante apenas se reservar em parte da declaração. O reservante quis realizar o negócio jurídico*, mas tinha em mente a realização de outro negócio.

Em relação ao prejuízo, será reserva mental *inocente quando existir apenas a presença dos elementos 'divergência intencional' e 'intuito de enganar'; será ilícita quando, além dos elementos supra, houver o manifesto propósito de prejudicar o declaratário ou terceiro.*

A reserva mental, no que concerne aos participantes que se reservaram mentalmente, pode ser ainda "*unilateral, configurando-se quando um dos contratantes agir imbuído com o espírito de enganar alguém ou bilateral quando o intuito fraudulento for de ambos os participantes, podendo ser de um em relação ao outro, ou em relação a terceiros.*"

---

66 NELSON NERY JÚNIOR, 1983,pág 18.

A reserva mental bilateral, apesar de ser semelhante à simulação, com ela não se confunde, sendo edificante o ensinamento de Gustavo Tepedino:[67]

> "Há uma certa semelhança entre a reserva mental e a simulação, no que se refere à declaração diversa da intenção do agente. A reserva mental difere da simulação, porque nesta 'há um acordo simulatório com intuito de enganar terceiros, enquanto na reserva mental a finalidade é enganar o próprio declaratário"

Entretanto, apesar da similitude a redação do art. 110 do Código Civil não atribui a sanção de nulidade aos negócios jurídicos em que houve reserva mental por parte de um dos declarantes.

Neste sentido, proveitosa é a lição de Cristiano Chaves de Farias:[68]

> "Aliás, convém assinalar, por oportuno, que, em se tratando de desconformidade com o ordenamento jurídico, as invalidades dependem de expressa previsão legal, somente podendo estar caracterizadas por expressa previsão da norma jurídica.
>
> "Desta maneira, não se pode dar tratamento idêntico à simulação, uma vez que há norma jurídica fazendo previsão sobre a reserva mental e esta não lhe aplica a sanção de nulidade".

Sob tal perspectiva, se o texto é expresso em afirmar que a manifestação de vontade subsiste ainda que o seu autor haja feito a reserva mental de não querer o que manifestou, salvo se dela o declaratário tinha conhecimento, não se pode inquinar o negócio de nulidade ou invalidade, sob pena de negativa de vigência a artigo de lei federal.

---

[67] TEPEDINO, 2004. p. 222.

[68] FARIAS, 2005, p.412.

Em interpretação reversa, se o declaratário conhecia a reserva mental feita pelo reservante e não a comunicou, a manifestação deixa de existir, deixando também de existir, por consequência, o próprio negócio jurídico.

Isto posto a reserva mental relevante para o direito é aquela que possui divergência intencional entre o declarado e o mentalizado, com a finalidade de enganar o destinatário da declaração ou terceiros, sem que haja entre os participantes do negócio jurídico um acordo simulatório, trazendo como consequência, a nulidade ou a anulabilidade por insubisistência da declaração vontade.

CONCLUSÃO

Ao ingressar no perigoso mundo da atividade produtiva, o obreiro vai revestido, teoricamente, de uma couraça de regras preventivas que intentam evitar os infortúnios.

Para o caso desta proteção vir a falhar, o mecanismo é acoplado a um outro sistema que estabelece indenizações para a hipótese em que a lesão venha concretamente a ocorrer. Este sistema, indenizatório, gira em torno do conceito de acidente do trabalho, no sentido lato, ou seja, todo o malefício físico ligado ao trabalho por uma relação de causa e efeito ou por uma estipulação da lei.

Que, segundo estudos do sociólogo Durkheim, o suicídio é um fenômeno social, não podendo ser cingido ao aspecto meramente individual.

Com tais reflexões, vimos que o suicídio é um ato voluntário pelo qual um indivíduo provoca a própria morte.

Que, a partir do século XX, o suicídio passa a ser visto como indício de doença psicológica e ou psiquiátrica.

Que, segundo Freud, considerado o pai da psicanálise, o suicídio é uma expressão do fato de que terrível tensão, produzida pelo superego, ficou insuportável. A perda de auto-estima é tão completa que toda esperança de recuperá-la é abandonada. O ego se percebe desamparado pelo superego e se deixa morrer.

Que, assim, pode-se dizer que o suicídio é a consequência de uma perturbação psíquica, decorrente de grave tensão nervosa que envolve o ser e o transtorna a ponto da morte ser a única solução para os problemas.

Que as doenças físicas como câncer, epilepsia e AIDS;

ou doenças mentais como alcoolismo, dependência tóxica e esquizofrenia, compõem alguns dos motivos que induzem um indivíduo a atentar contra a própria vida.

Que algumas situações sociais também conduzem ao suicídio, como por exemplo, o insucesso no matrimônio; o não ter se casado; o não ter filhos; o isolamento social; o fracasso financeiro ou o fracasso profissional, dentre muitas outras.

Que o suicídio anômico decorre de conflitos sociais internos, como a desorganização social e ou as dificuldades econômicas, que frustram as aspirações do indivíduo.

Que a depressão, também reconhecida como doença tratável, está aliada aos casos de suicídio.

Que são sintomas da depressão a insônia, a falta de ar, a súbita alteração na massa corporal, a fadiga, as tonturas (muito confundidas com labirintite), excesso de urina, pouca concentração e constantes esquecimentos, ausência de interesse pelas coisas, ausência de ambição e muita indecisão, melancolia, moral baixa, tristeza, sentimento de culpa, desesperança, autodesprezo, alterações no apetite, redução da libido, câimbras, aumento da pressão arterial, palpitações, gastrites, colites, má digestão, formigamentos/adormecimento dos membros e do rosto, dores de cabeça, diminuição da memória, agitação, angústia, desespero, ansiedade, irritabilidade, crises de choro, pensamento fixo no passado, presente vazio, desejo de morrer e pensamentos suicidas, dentre outros.

Que a depressão é uma doença que compromete o físico, o humor e o pensamento.

Que a depressão altera a maneira como a pessoa vê o mundo, como sente a realidade, como entende as coisas, como manifesta suas emoções, como sente a disposição e ou o prazer com a vida. Ela afeta a forma como a pessoa se alimenta, como a pessoa dorme, como se sente em relação a si própria e como pensa sobre as coisas do dia a dia.

Que a depressão não é um simplesmente estar na "fossa" ou com "baixo astral" passageiro, como também não é sinal de fraqueza, de falta de pensamentos positivos ou uma condição que possa ser superada apenas pelo esforço ou pela força de vontade.

Que o popular "esgotamento" também pode ser uma forma da Depressão, pois sentir-se esgotado é sentir-se sem disposição para a vida.

Que na depressão, falta energia para tolerar conviver com nosso próximo, falta tolerância para aceitar o jeito de ser dos outros, falta ânimo para resolver problemas da vida, falta otimismo para acreditar que as coisas estão bem.

Que as idéias e crenças da pessoa deprimida são, frequentemente, negativas, apesar de essas idéias parecerem artificiais e completamente sem fundamento para as pessoas não deprimidas, ou mesmo para o próprio deprimido quando não está em Depressão.

Que uma simples brincadeira, como dizer que a pessoa é feia, chata ou que está incomodando poderá ser interpretada ao pé da letra e não como uma simples brincadeira, pois para o depressivo essas brincadeiras podem representar verdades.

Que no depressivo há uma tendência em generalizar pensamentos, porém, só os pensamentos negativos a exemplo de: "tudo que eu faço dá errado, para mim tudo é mais difícil, ninguém gosta de mim", etc.

Que os estados depressivos proporcionam grande sensação de insegurança e que muitas situações corriqueiras podem significar ameaça ao deprimido, como por exemplo, viajar sozinho, sentir-se preso num elevador, esperar numa fila do banco, estar em locais muito cheios de gente, cismar com alguma doença, sentir-se avaliado pelos outros, etc.

Que a Depressão, pode também, ao invés de se manifestar com tristeza, choro, indisposição, apatia, etc., manifestar-se com reclamações de origem corporal que, normalmente, não são constatadas por exames médicos, exames clínicos e ou exames laboratoriais, fato que, normalmente, leva as pessoas que convivem com o deprimido, a concluírem que este está "fazendo fita", e até o hilarizarem.

Que, a Depressão, como doença que é, deve, como qualquer outra doença, ser prevenida por todos que integram a sociedade, detectada e tratada pela medicina, sendo certo que a medicina dispõe, felizmente, de excelentes recursos para este tratamento.

Que com relação ao comportamento do suicida, as características mais comuns, são:

I - Idéias suicidas: são o grau inicial. Apresentam-se primeiro de forma esparsa, para depois adquirir proporções deveras significativas, de modo que não conseguem ser afastadas da mente do indivíduo.

II - Desejo de suicídio: acompanham a idéia de suicídio a vontade de praticá-lo, sem, contudo, o planejamento específico ou a ação.

III - Intenção de suicídio: a ameaça de pôr fim à vida é claramente expressa, sem a realização de ação concreta, porém. Em geral antecede o plano de suicídio.

IV - Plano de suicídio: o indivíduo decide pôr fim à vida, passando a tramar a própria morte, planejando os detalhes de lugar, hora e método. Por vezes, deixa um "bilhete" de despedida.

V - Tentativas de suicídio: são atos auto-agressivos, mas não fatais, primando o indivíduo por tentar assim vingar-se, chamar a atenção, provocar culpa nos outros, entre outras motivações.

VI - Atos impulsivos: consistem em atos agressivos sem planejamento suicida, acompanhados de métodos repetitivos e estereotipados. Na tentativa de suicídio e no ato impulsivo a efetiva ameaça à vida tem graus variáveis, culminando nas tentativas de suicídio, cuja letalidade é interrompida por terceiros ou por profissionais da saúde.

VII - Suicídio: tem por desfecho a morte. É caracterizado pelo planejamento cuidadoso e emprego de métodos realmente letais.

Que o suicídio não é ilícito civil, mas que pode gerar a obrigação daquele que auxiliou, induziu ou instigou, a indenizar as pessoas lesadas com o evento morte em condição tão terrível.

Que a Constituição da República de 1988, orientada por valores ético-jurídicos, previu a dignidade da pessoa humana como um dos fundamentos do Estado Democrático de Direito, ao dizer em seu art. 1º, parágrafo 1º, que "a dignidade do homem é intangível. Respeitá-la e protegê-la é obrigação de todos os poderes estatais".

Que, no dizer de Alexandre de Moraes: A dignidade da pessoa humana é um valor espiritual e moral inerente a pessoa, que se manifesta singularmente na autodeterminação consciente e responsável da própria vida e traz consigo a pretensão ao respeito por parte das demais pessoas, constituindo-se em um mínimo invulnerável que todo estatuto jurídico deve assegurar, de modo que apenas excepcionalmente possam ser feitas limitações ao exercício dos direitos fundamentais, mas sempre sem menosprezar a necessária estima que merecem todas as pessoas enquanto seres humanos.

Que a pessoa humana é que deve ser a tônica de todo o sistema.

Que segundo a ética formulada por Kant, os homens, em suas relações interpessoais, não devem agir de molde a que o outro seja tratado como objeto, e não como um sujeito.

Que a dignidade humana pode ser ofendida de muitas maneiras.

Que tanto a prática de medidas como a tortura, sob todas as suas modalidades, quanto a qualidade de vida desumana (fome, abrigo, baixos salários,etc) podem impedir que o ser humano cumpra na terra a sua missão, podem impedir que o ser humano tenha um sentido para a sua vida.

Que o trabalho dignifica o ser humano.

Que pelo trabalho o indivíduo transforma o mundo, assegura a sua subsistência e a daqueles que dele dependem.

Que pelo trabalho o ser humano transcende a sua condição, se supera, busca a perfeição e aproxima-se de Deus.

Que a Constituição Federal de 1988, introduziu um modelo econômico baseado na liberdade de iniciativa, que tem por finalidade assegurar a todos existência digna, conforme os ditames da justiça social, sem exclusões nem discriminações.

Que a Revolução Industrial, trouxe a libertação do trabalhador e o exacerbado acréscimo de acidentes, tendo inicio, então, um sentimento humano e jurídico do trabalho, criando-se regras de interrelacionamento, onde o sentido protetivo do trabalhador, de sua integridade física e de sua vida, começou a tomar corpo.

Que a dignidade do trabalhador, que antes não era questão importante para os patrões, com o início desse novo ciclo social, passou a ter outro sentido.

Que a Lei 8.213 de 1991, em nenhum momento se refere ao suicídio, mas praticamente o aceita como acidente de trabalho, ao asseveram, no seu artigo 19 que:

> **Acidente do trabalho é o que ocorre pelo exercício do trabalho** a serviço da empresa ou pelo exercício do trabalho dos segurados referidos no inciso VII do artigo 11 desta Lei, **provocando** lesão corporal ou **perturbação funcional que cause a morte** ou a perda ou redução, permanente ou temporária, da capacidade para o trabalho. (grifo nosso)

Que, além disso, equiparam-se a acidente do trabalho, nos termos dos artigos 20 e 21 da lei previdenciária nº 8.213/91:

> I - o acidente ligado ao trabalho que, embora não tenha sido a causa única, haja contribuído diretamente para a morte do segurado, para redução ou perda da sua capacidade para o trabalho, ou produzido lesão que exija atenção médica para a sua recuperação;
>
> II - o acidente sofrido pelo segurado no local e no horário do trabalho, em consequência de:
>
> a) **ato de agressão**, sabotagem ou terrorismo **praticado por terceiro ou companheiro de trabalho**;
>
> b) **ofensa** física **intencional, inclusive de terceiro, por motivo de disputa relacionada ao trabalho**;
>
> c) ato de imprudência, de negligência ou de imperícia de terceiro ou de companheiro de trabalho;
>
> d) **ato de pessoa privada do uso da razão;**
>
> e) desabamento, inundação, incêndio e outros casos fortuitos ou decorrentes de força maior;
>
> II - a doença proveniente de contaminação aci-

dental do empregado no exercício de sua atividade;

IV - o acidente sofrido pelo segurado ainda que fora do local e horário de trabalho:

a) na execução de ordem ou na realização de serviço sob a autoridade da empresa;

b) na prestação espontânea de qualquer serviço à empresa para lhe evitar prejuízo ou proporcionar proveito;

c) em viagem a serviço da empresa, inclusive para estudo quando financiada por esta dentro de seus planos para melhor capacitação da mão-de-obra, independentemente do meio de locomoção utilizado, inclusive veículo de propriedade do segurado;

d) no percurso da residência para o local de trabalho ou deste para aquela, qualquer que seja o meio de locomoção, inclusive veículo de propriedade do segurado.

§ 1º Nos períodos destinados a refeição ou descanso, ou por ocasião da satisfação de outras necessidades fisiológicas, no local do trabalho ou durante este, o empregado é considerado no exercício do trabalho.

§ 2º Não é considerada agravação ou complicação de acidente do trabalho a lesão que, resultante de acidente de outra origem, se associe ou se superponha às consequências do anterior. (grifos nosso)

Que o bem-estar comum é direito de todos.

Que somente uma empresa responsável se preocupa em proporcionar vida digna a seus empregados.

Que é imperativa a busca de uma convivência mais harmoniosa.

Que é imprescindível ao ser humano, um meio ambiente laboral salutar.

Que o desrespeito ao ambiente de trabalho não afetam somente o trabalhador e sua família, mas a toda sociedade.

Que ao constitucionalizar as normas trabalhistas, a

Constituição Brasileira de 1988 o fez: a)mediante estabelecimento de vários princípios, dentre eles o art. 1º., incs. III e IV; arts. 6º., 7º., incisos XXII, XXVII e XVIII, 170 e 200.

b) A ordem social e econômica, com o intuito maior de dar efetividade aos princípios fundamentais e à melhoria das condições sociais do trabalhador e de sua família (CF/88, arts. 6º, 7º, caput, incisos XXII, XXVII e XXVIII; 170 e 200, inc. VIII).

Que o maior bem tutelado pela atual Constituição Federal é o direito à vida digna, sendo certo que o ambiente laboral salutar e a integridade física e mental dos trabalhadores depende da tutela da saúde, higiene e segurança, principalmente do meio em que realizam suas atividades laborais, mas também do meio e de fatores externos.

Que, de acordo com a Norma Regulamentadora 7 do Ministério do Trabalho cabe à empresa o ônus de implementar o Programa de Controle Médico e Saúde Ocupacional - PCMSO, segundo orientações do médico coordenador, a quem cabe a responsabilidade técnica.

Que, desta forma, ambos são responsáveis pelo controle ambiental no local de trabalho e prevenção de doenças ocupacionais e caso ocorra um sinistro, a primeira poderá ser responsabilizada, até mesmo por culpa "in eligendo", restando-lhe, contudo, eventual direito de regresso contra o médico coordenador, na hipótese de ficar evidenciada a negligência, imperícia, imprudência ou mesmo, um dolo (negativo, positivo ou eventual).

Que, na seara da responsabilidade civil, existe a obrigação do agente causador do dano reparar o prejuízo causado a outrem, por ato próprio ou de alguém que dele dependa.

Que o novo Código Civil, consagra a teoria do risco

e admite, juntamente com a responsabilidade subjetiva, a responsabilidade objetiva, conforme se pode perceber com a leitura dos seus artigos 186 e 927.

Que no novo Código, a presunção de culpa desaparece, pois a teoria da culpa cede espaço à teoria do risco, na qual não se perquire a culpa do agente, surgindo a responsabilidade civil somente pela ocorrência do dano a terceiros. O legislador tratou como de responsabilidade objetiva, os casos de danos cometidos por atos de terceiros, conforme os artigos 932, 936, 937 e 938, interessando-nos, mais de perto, o texto contido no inciso III do art. 932, já que, o art. 933 determina que "As pessoas indicadas nos incisos I a V do artigo antecedente, **ainda que não haja culpa** de sua parte, responderão pelos atos praticados pelos terceiros ali referidos." (grifo nosso).

Que as pessoas jurídicas de direito privado, qualquer que seja a sua natureza e os seus fins, respondem pelos atos de seus dirigentes ou administradores, bem como de seus empregados ou prepostos que, nessa qualidade, causem dano a outrem.

Que as doenças psíquicas ou neurológicas se relacionadas ao trabalho, equiparam-se a acidentes do trabalho e podem atingir tanto os bens patrimoniais quanto os morais, devendo, portanto, ser indenizadas.

Que se o trabalhador devido às agressões físicas ou psíquicas do trabalho (atividades de risco, extenuantes, etc.), desenvolve alguma fobia, ou algum outro distúrbio mental, que o incapacita, parcial ou totalmente, para o exercício de sua profissão ou de qualquer outro trabalho, deverá ser indenizado.

Que se tais moléstias ceifaram a sua vida, presume-se que houve prejuízo de cunho moral para seus familiares, visto que os sentimentos afetivos são bens de valor inestimável e devem ser indenizados.

Que a vida humana é bem de natureza não patrimonial, um direito da personalidade amparada como bem maior pela ordem jurídica.

Que se um trabalhador se torna apático, apresenta morbidez mental e ou padecimento íntimo, mui provavelmente sofreu humilhação, foi envergonhado ou sentiu-se fortemente constrangido.

Que para que se amenize esse estado de melancolia, de desânimo, há de se lhe proporcionar os meios adequados para a sua recuperação.

Que a dor, a sensibilidade, por sua vez, é personalíssima, variando de pessoa a pessoa, sendo certo que uns são mais fortes e outros mais frágeis ao sofrimento.

Que há ofensores que agem com premeditação, usando de má-fé, unicamente para prejudicar, para arranhar a honra e a boa fama do ofendido, outros, omissos, agem com desdém, desatenção ou descaso.

Que o pagamento, pela Previdência Social, das prestações por acidente do trabalho não exclui a responsabilidade civil da empresa ou de outrem.

Que os estarrecedores casos de acidentes do trabalho, na sua grande maioria oriundos do descaso dos empregadores em manter um meio ambiente laboral salutar e outras vezes pelos riscos próprios da atividade econômica das suas empresas, afrontam não só a legislação previdenciária, como também o princípio constitucional da dignidade humana e da integridade física, psíquica e moral do trabalhador.

Que o suicídio, sob o aspecto formal, constitui um indiferente penal, significando que a legislação não pune o fato como infração. Nem a tentativa de suicídio é apenada.

Que a conduta, embora não constitua ilícito penal,

é ato que contraria o ordenamento jurídico. É ato ilícito. Tanto que não constitui constrangimento ilegal a coação exercida para impedi-lo, nos termos do art. 146, §3º, II, do Código Penal.

Que, apesar de imensa discussão doutrinária, o delito do art. 122 do Código Penal brasileiro, pode ser praticado por ação ou por omissão.

Que doutrinadores pátrios entendem que na participação moral a conduta é comissiva, enquanto que na participação material poderá ser comissiva ou omissiva, ou seja, quando presente o dever jurídico do sujeito ativo de evitar o suicídio.

Que é possível é o dolo eventual.

Que haverá dolo eventual sempre que o agente, embora não querendo diretamente a realização do tipo, o aceite como possível ou mesmo como provável, assumindo o risco da produção do resultado.

Que não é necessária a previsão da causalidade, bastando para a caracterização do dolo eventual que o resultado seja possível ou provável.

Que o agente pode não desejar o resultado, mas se é possível aquele resultado e nada fez para evitá-lo ou preferiu assumir o risco, será responsabilizado.

Que para aquele que se comporta com dolo eventual o acaso constitui a única garantia contra a materialização do sinistro; o agente tem consciência da sua capacidade para impedir o resultado, mas mesmo assim fica insensível ao risco que se apresentou diante de si.

Que também é possível, a responsabilização do empregador do suicida pela chamada culpa inconsciente, visto que na culpa inconsciente, o resultado, embora previsível, não é previsto pelo agente. São os casos de negligência, imperícia ou imprudência, em que não houve a previsão do resultado por descuido, desatenção ou desinteresse do agente, pois nessas situações o agente deveria agir com previsibilidade e não o faz, ocasionando um resultado que ele não desejava e nem previu, quando deveria estar alerta.

Que o assédio moral também é causa de suicídio.

Que o assédio moral no trabalho é uma prática que remonta aos tempos mais longínquos, tendo sido encarado, por muito tempo, como mero conflito natural. Contudo, certo é afirmar que a sua prática e seus malefícios ao ser humano têm incitado o ordenamento jurídico a encontrar aparato legal capaz de erradicá-lo.

Que, no início, são somente brincadeiras de mau gosto, nada que não possa ser contornado com um cordial sorriso.

Que seguem-se as ironias e a hostilidade vai ficando mais habitual e intensa. Então, a vítima percebe que algo não vai bem e passa a questionar-se: "mas o que foi que eu fiz?".

Que mesmo assim, ela prefere dar tempo ao tempo, na esperança por momentos melhores, pois, passa por sua mente que tudo não é mais que um grande mal entendido e que, com os dias, tudo voltará à normalidade.

Que, entretanto, o trabalho se torna um verdadeiro martírio e surgem os primeiros sinais da degradação do espírito na forma de perturbações sobre o corpo e a mente. Não raro, a vítima passa a preferir a morte a ter de ir trabalhar.

Que o assédio moral, deixa sequelas marcantes. A sensação de menosprezo e vergonha persiste, mesmo que a pessoa esteja afastada de seu agressor. Ela torna-se refém de uma cicatriz psicológica que a torna frágil, medrosa e descrente de tudo e de todos.

Que num primeiro momento, o fenômeno efetivamente ainda não se instalou, pois, há somente um ambiente propício para que ele se desenvolva.

Que segue-se a fase que se caracteriza pela individuação da vítima, ou seja, do sujeito contra o qual serão dirigidas as hostilidades, aquele que se tornará o bode expiatório para todos os problemas

Que seguir, passa-se ao embate confesso: quando a vítima reage e tenta rebelar-se, a maldade latente dá lugar a uma hostilidade declarada.

Que na sequência surgem os primeiros sinais físicos e psíquicos desencadeados pelo psicoterror, manifestando-se nesse momento a insônia, os distúrbios digestivos e hormonais, as doenças dermatológicas, a hipertensão arterial e outras.

Que o desenvolvimento dos distúrbios psicossomáticos é impressionante e grave, e de crescimento muito rápido. Acontece sob a forma de emagrecimentos intensos ou então rápidos aumentos de peso (quinze a vinte quilos em alguns meses), distúrbios digestivos (gastrites, colites, úlceras de estômago), distúrbios endocrinológicos (problemas de tireóide, menstruais), crises de hipertensão arterial incontroláveis, mesmo sob tratamento, indisposições, vertigens, doenças de pele, etc.

Que a vítima perde progressivamente a confiança em si, e por vezes fica tão confusa que pode chegar a dar razão a seu agressor: 'Eu sou nula, eu não consigo, eu não estou à altura!

Que, após, o que se vê é o afloramento do absenteísmo, da baixa produtividade, da redução na qualidade do serviço porque o trabalhador não se identifica mais com seu trabalho, afasta-se com frequência por motivos de saúde, se desconcentra, erra na execução das tarefas mais simples e, costumeiramente, se torna um "problema" para o departamento de pessoal.

Que, já sofrendo de depressão, a vítima desenvolve uma absoluta falta de motivação ou de entusiasmo, alcançando o total esgotamento.

Que é nessa fase, que se realiza a exclusão da vítima do mundo do trabalho, seja por demissão 'voluntária', por dispensa, por afastamento para tratamento de saúde ou mesmo pelo ato extremo do suicídio.

Que qualquer dos riscos psicossociais pode resultar no suicídio do trabalhador, o que nos leva à questão se seria possível qualificar o suicídio como acidente do trabalho, visto que existem argumentos em sentido contrário, considerando a ruptura do nexo causal em virtude de um ato de autolesão que, como ato doloso, não poderia ser enquadrado como acidente.

Que também é comum argumentar-se contra a qualificação do suicídio como acidente de trabalho mencionando a possibilidade de fraude, pois quem já estivesse decidido a suicidar-se o faria em local e horário de trabalho para favorecer os beneficiários da pensão por morte.

Que, tais argumentos - seja com vista ao reconhecimento do suicídio como acidente de trabalho, seja com vista aos contratos de seguro - não devem subsistir em razão das previsões legais relativas à da boa fé e à reserva mental.

Que o desemprego, visto como o principal problema social, mascara uma outra realidade, a dos atentados à saúde ligados ao trabalho.

Que a intensificação das tarefas, a pressão dos prazos,

a precarização dos estatutos e a fragmentação das equipes conduzem a uma forte degradação das condições de vida na empresa, assim como que fragilizadas pela exigência hierárquica e pela obrigação de resultados, algumas pessoas acabam por se suicidar.

Que se o trabalhador resolve dar cabo de sua vida, durante o horário de expediente ou no trajeto de casa para o trabalho ou do trabalho para casa, muita discussão ainda restará se estaremos diante de acidente de trabalho ou não.

Que, entretanto, não se pode equiparar o suicídio a um ato doloso. Ainda que a liberdade esteja submetida a determinismos, um ato doloso é essencialmente voluntário, prevalecendo a vontade consciente. Já no suicídio a vontade, como faculdade mental ligada à vida, foi submetida a fatores destruidores do instinto de preservação da vida e da própria vontade, razão da jurisprudência francesa e alemã entenderem que a intenção de suicidar-se é um ato não voluntário.

Que a tendência da jurisprudência é admitir com caráter extremamente restritivo a origem laboral de um ato suicida.

Que a jurisprudência mundial vem experimentando uma lenta evolução ao, ainda que timidamente, admitir a possibilidade de caracterização do suicídio como acidente laboral, desde que exista um nexo de causalidade, como, por exemplo, quando o suicídio decorre de um estado mental patológico produzido, por um acidente de trabalho anterior.

Oportuna se torna a lembrança de uma sentença do STSJ/Castilla-León (30.09.1997, as 2978/1997) que qualificou de trabalhistas as sequelas de uma intenção de suicídio como consequência do forte estresse do trabalhador

- gerente da empresa - ocasionado pelo fracasso do projeto empresarial, sendo excluída a existência de ato doloso, já que, como causa da intenção suicida, se encontrava a situação de forte estresse derivada do trabalho.

Nesse caso, a sentença relata que, dias antes do suicídio, o trabalhador havia comentado que ele já não era o dono de si; que em sua casa algo estava acontecendo; que ele tinha deixado de se alimentar; que apesar disto, ele teve que continuar trabalhando, fazendo os plantões, o que implicava num acúmulo de estresse laboral. No mesmo dia do acidente ele tentou, sem sucesso, comunicação telefônica com sua casa; e a junção de todos estes fatores, pessoais e laborais, concomitantes ao seu sofrimento, influenciou decisivamente para o resultado mórbido. Sendo assim, conclui a decisão, "tal desfecho tem uma evidente conexão causal com o trabalho".

Finalmente, considerando que os atentados à saúde ligados ao trabalho são largamente subestimados, que os problemas dos assalariados encontram-se ligados às opções de organização efetuadas pelos mais altos dirigentes das empresas, bem como que o fato de se estimular o suicídio de outrem, ou mesmo sua tentativa, seja por ação, seja por omissão, é reprovado, inclusive criminalmente, não há como não se concluir que, tal ato tresloucado, é decorrência do trabalho e, portanto, havendo um mínimo de nexo de causalidade, ocorra onde ocorrer, deve ser considerado como acidente do trabalho a ser indenizado, mesmo que de forma complementar pelo empregador.

BIBLIOGRAFIA

Código Civil Comentado. Cezar Peluso (coord.). Barueri (SP): Manole, 2007

Constituição da República Federativa do Brasil, 30ª Edição. Saraiva. São Paulo - 2002.

Revista do Advogado 97, São Paulo, maio de 2008, Associação dos Advogados de São Paulo.

ALMEIDA, AMADOR PAES. *Curso Prático de Processo do Trabalho.* 9ª. Ed. São Paulo: Saraiva, 1996.

__________. *CLT comentada.* 4ª ed. São Paulo: Saraiva, 2007

ALVIM, Agostinho. *Da Inexecução das Obrigações e suas Consequências.* São Paulo: Saraiva, 1972.

ANGERAMI-CAMON, Valdemar Augusto. *Suicídio - fragmentos de psicoterapia existencial.* São Paulo: Ed. Pioneira, 1997.

AZEVEDO, Antonio Junqueira de. *Negócio jurídico: existência, validade e eficácia.* São Paulo: Saraiva, 2002.

BITENCOURT, Cezar Roberto. *Tratado de Direito Penal: parte especial.* 8.ed. São Paulo: Saraiva, 2008.

BUSTAMANTE ALSINA, JORGE. *Teoría General de la Responsabilidad Civil.* 9ª. ed. Buenos Aires: Abeledo-Perrot, 1997.

CASTRO, Guilherme Couto de. *A Responsabilidade Civil Objetiva no Direito Brasileiro.* Rio de Janeiro: Ed. Forense, 1997.

DIAS, José de Aguiar. *Da Responsabilidade Civil,* Vol. I e II, Rio de Janeiro: ed. Forense, 1997.

DINIZ, Maria Helena. *Curso de Direito Civil: Responsabilidade Civil.* 18. ed. ver., aum. e atual. de acordo com o novo Código Civil. São Paulo: Saraiva, 2004.

DURKHEIM, Émile. *O Suicídio - estudo sociológico.* Rio de Janeiro: Ed. ZAHAR, 1982.

ESTRUCH, Joan e CARDÚS, Salvador. *Los Sucidios*. Barcelona: Editorial Herder, 1982.

FARIAS, Cristiano Chaves de. *Direito Civil – Teoria Geral*. Rio de Janeiro: Lumen Juris, 2005.

FRANÇA, Rubens Limongi. *Jurisprudência de Responsabilidade Civil*. São Paulo: Ed. Revista dos Tribunais, 1981.

___________. *Reparação do Dano Moral*, in Estudos de Direito. São Paulo: LTR, 1998.

Freud, Sigmund. *O método psicanalítico de Freud*. Das obras Completas de Sigmund Freud. Rio de Janeiro: Imago Ed.,1976

_________ *Uma breve descrição da psicanálise*. Das obras Completas de Sigmund Freud. Rio de Janeiro: Imago Ed.,1976

GOMES, Amílcar da Cruz. *Dolo Eventual X Culpa Consciente: Área de Penumbra na Caracterização da Ação Psíquica*. Citado in: http://74.125.47.132/search?q=cache:OXSuFNWA--nkJ:www.geocities.com/CollegePark/Lab/7698/dp13.htm+dolo+eventual&cd=1&hl=pt-BR&ct=clnk&gl=br em 20.04.2009, como inserto em: http://www.cabugi.com.br/jurisnet/AMILCAR.htm em em 13/11/1998.

GUEDES, Márcia Novaes. *Terror psicológico no trabalho*. 2.ed., São Paulo: LTr, 2004.

GUERRA FILHO, Willis Santiago. *Processo constitucional e direitos fundamentais*. 3ª ed. São Paulo: Celso Bastos Editor, 2003.

HIRIGOYEN, Marie-France. *Assédio moral: a violência perversa no cotidiano*; tradução de Maria Helena kuhner, 6ª ed., Rio de Janeiro: Bertrand Brasil, 2003.

________________. *Mal estar no Trabalho – redefinindo o assédio moral*, 3ª. ed., Rio de Janeiro: Bertrand Brasil, 2006.

JESUS, Damásio E. de. *Direito Penal: parte especial*. São Paulo: Saraiva, 1979.

LOPES, Miguel Maria de Serpa. *Curso de Direito Civil, Vol. V. 2*. Rio de Janeiro: Ed. Freitas Bastos,1962.

LOUZÃ NETO, Mario Rodrigues et alli. *Psiquiatria básica*. Porto Alegre: Artes Médicas, 1995.

MACHADO Hugo de Brito. *Curso de Direito Tributário,* São Paulo: Malheiros, 1997.

MARINONI, Luiz Guilherme; ARENHART, Sérgio Cruz. *Manual do processo de conhecimento.* 5ª ed. São Paulo: Revista dos Tribunais, 2006.

MARTINS, Flávio Alves. *A boa-fé objetiva e sua formalização do direito das obrigações brasileiro.* 2. ed. Rio de Janeiro: Lúmen Juris, 2001.

MENDONÇA, Antonio Penteado. http://www.tribunadodireito.com.br/2003/junho/junho_10.htm em 19.04.2009

MORAES, Alexandre de. *Constituição do Brasil interpretada.* São Paulo: Atlas, 2007.

NASCIMENTO, AMAURI MASCARO. *Iniciação ao Direito do Trabalho.* 29ª. Ed. São Paulo: LTR, 2003.

NEGREIROS, Teresa. *Fundamentos para uma interpretação constitucional do princípio da boa-fé.* Rio de Janeiro: Renovar, 1998.

NERY JÚNIOR, Nelson. *Vícios do ato jurídico e reserva mental.* São Paulo: Revista dos Tribunais, 1983.

NUNES, Rizatto. *A Dignidade da Pessoa Humana e o Papel do Julgador.* Revista do Advogado 95. São Paulo: AASP, 2007.

PEREIRA, Caio Mário da Silva. *Responsabilidade Civil.* 9. Rio de Janeiro: ed. Forense, 1998.

REALE, MIGUEL. http://www.miguelreale.com.br/artigos/boafe.htm em 21.04.2009

RODRIGUES, Silvio. Direito Civil. Vol. IV - *Responsabilidade Civ*il. São Paulo: ed. Saraiva, 1998.

ROSENVALD, Nelson. *Dignidade humana e boa-fé no Código Civil.* São Paulo: Saraiva, 2005.

SAAD, Eduardo Gabriel. *CLT Comentada.* São Paulo: LTr, 1985.

SADY, João José. *O Acidente do Trabalho e sua Repercussão na área da Responsabilidade Civil após o advento da CF-88.* Revista do Advogado 60.

SAMPAIO, Rogério Morrone de Castro. *Direito Civil: Responsabilidade Civil.* São Paulo: Atlas, 2000.

SARLET, Ingo Wolfgang. *A eficácia dos direitos fundamentais.* 5ª ed. Porto Alegre: Livraria do Advogado Editora, 2005.

SILVA, de Plácido e. *Vocabulário Jurídico*, 19ª edição. Rio de Janeiro: Forense, 2002.

SILVA, José Afonso da. *Curso de Direito Constitucional Positivo*, 17ª Edição, São Paulo: Melhoramentos, 2000.

TEPEDINO, Gustavo. *Código Civil interpretado conforme a Constituição da República.* Rio de Janeiro: Renovar, 2004.

THEODORO JÚNIOR, Humberto. *Responsabilidade Civil: Doutrina e Jurisprudência.* 2. ed. Rio de Janeiro: Editora Aide, 1989.

VALTICOS, NICOLAS. *Derecho Internacional del Trabajo.* Madrid: Tecnos, 1977.

VIANA, Márcio Túlio. *A proteção social do trabalhador no mundo globalizado.* O direito do trabalho no limiar do século XXI, v. 14, n. 79.Curitiba: *Gênesis*, 1999.

ZAFFARONI, Raúl Eugenio, PIERANGELI, José Henrique. *Manual de Direito Penal Brasileiro - Parte Geral.* 1.ed. São Paulo: Editora Revista dos Tribunais, 1997.